LE SUBORNEUR,

COMÉDIE

EN CINQ ACTES

ET EN VERS.

SECONDE ÉDITION,

Avouée de l'Auteur, la premiere est infidelle.

Par M. BILLARD.

A AMSTERDAM,

Et se trouve a PARIS,

Chez { L'Auteur, chaussée d'Antin.
Prault, Imprimeur du Roi, quai des Augustins, à l'Immortalité.

M. DCC. LXXXII.

ACTEURS.

GASPARD, Marchand Drapier.

ROBERT, Affocié de Gafpard.

ISABELLE, fille de Gafpard.

LÉNOS, Marquis.

DARMANCOUR, oncle de Lénos.

FRONTIN, valet de Lénos.

TOINETTE, fuivante d'Ifabelle.

La Scene eft à Paris chez Gafpard.

LE SUBORNEUR,

COMÉDIE

EN CINQ ACTES

ET EN VERS.

LE SUBORNEUR,
COMÉDIE.

ACTE PREMIER.

SCENE PREMIERE.

GASPARD, TOINETTE (*une échelle
de soie fur le bras*).

GASPARD.

QUE tiens-tu là?

TOINETTE.

Monfieur, malgré leur courtoifie,
N'accolons point les Grands avec la Bourgeoifie.

GASPARD.

Qu'eft-ce à dire?

A

TOINETTE.

A les voir si doux, si gracieux,
Vous ne les croiriez point gens fort malicieux,
Mais que d'astuce ils ont pour leurrer vos fillettes,
Et les prendre à l'éclat que jettent leurs paillettes !

GASPARD.

Explique-toi.

TOINETTE.

Monsieur, souffrez patiemment
Que par mon préambule abrégé, longuement,
Je vous retrace au vif des faits dont l'importance
Veut qu'on n'en perde pas la moindre circonstance ;
Ecoutez.

GASPARD.

Parle donc.

TOINETTE.

Rappellez-vous qu'un soir
L'insidieux Marquis chez vous daigne s'asseoir,
Prône vos magasins, vos draps, votre Isabelle,
La compare à Psiché, la décide plus belle,
Releve, avec transport, ses graces, son maintien,
Et la pudique enfant savouroit l'entretien ;
Pour le rompre, j'annonce, avant l'heure ordinaire,

Le souper que feroit le valétudinaire ;
C'étoit, souvenez-vous, jour de collation,
Et que j'appelle, moi, jour d'inanition :
Le Carême affamé nous prêchoit la disette,
Réduisoit le convive à casser la noisette ;
Il vous tardoit, Monsieur, que le repas frugal
Envoyât le Marquis paître avec son égal :
Vain espoir ! une amande à grignoter l'invite ;
Près de sa Nymphe à table il se glisse au plus vîte,
Lui détache un soupir, affecte un œil craintif
Pour nous cacher son geste indécemment furtif.
J'observois le perfide : il saisit, par adresse,
La main que sans amour il serre avec tendresse ;
Isabelle rougit, & le faux Céladon
Semble avouer sa coulpe, en obtient le pardon ;
Tente avec plus d'audace... Ici l'on peut s'é-
  tendre ;
Mais par fois, bouche close, on se fait mieux
  entendre :
Suffit, n'en parlons plus, que pétillant d'ardeur
Le drôle, en tapinois, harceloit la pudeur ;
Chez vous, depuis un temps, rodoit le personnage
Fêtoyé comme ami du prochain voisinage :
Mais le voilà suspect, expulsé du comptoir
Et la fille, au logis, sous clé, dans son dortoir ;
Recluse, elle aura pu minuter en silence
Qu'il faut contre la force user de violence !

A ij

Peut-être que l'Agnès brise enfin ses verroux,
Se fie au ravisseur, & croit suivre un époux !

GASPARD.

Lénos auroit osé...

TOINETTE.

                    Nous tenons le coupable,
En voulez-vous la preuve? Elle est assez palpable;
Car voici le filet que Lénos cette nuit
Gardoit pour Isabelle.

GASPARD.

Ah! ma fille!

TOINETTE.

                              Il conduit
Deux valets sur ses pas ; l'un, juché sur le siége,
Menace avec son fouet votre auvent qu'on assiége;
Tandis qu'à nos périls l'autre avançoit l'assaut,
Tandis qu'on chuchotoit, je m'éveille en sursaut:
Je cours à ma fenêtre ; & malgré la poussiere
Qui souillant le vitrage offusque ma visiere,
Malgré le ciel en deuil, plus noir que le séjour
Qu'obscurcit du Fripier le trompeur abat-jour,
J'entrevois un cocher, par son manége habile
Il laisse, à bon escient, sa caleche immobile,

Ses chevaux endormis ; un laquais plus actif
Soudain accroche au mur l'escalier portatif.

(*Montrant l'échelle de soie*).

Lénos grimpe, on criaille, & le trio frissonne ;
Je me hâte, je sors : que trouvé-je ? personne ;
Ce cordeau, bien tissu ! J'en maudis l'inventeur.

(*Elle jette le cordeau dans la coulisse.*)

GASPARD.

Oui, je livrois ma fille au plus vil corrupteur ;
Un pere a beau veiller ! l'enfant qu'il veut réduire,
Par des chemins de rose aime à se voir conduire,
Et si la mienne échappe à mon autorité,
Je n'en accuse ici que ma sévérité.
Moi, qui du vieux comique ai tant suivi l'école,
Si j'avois cru Moliere, ou du moins sa Nicole,
D'Isabelle Patron, indulgent Gouverneur,
Aurois-je à des verroux confié son honneur ?
J'accablois mon enfant sous un dur esclavage,
Et sa perte infaillible étoit mon fol ouvrage :
J'allois creuser l'abyme & l'y précipiter.
Cédons à son amour, crainte de l'irriter,
Flattons l'indigne objet, le traître dont l'absence
Plus dangereuse encor que ne l'est sa présence,
Loin d'apporter ici quelque heureux changement,

Tient ma fille au supplice , & comble mon
        tourment.
Va , rappellons Lenos.

T O I N E T T E.

                    Mais pourquoi, je vous prie,
A de tels loups-cerviers rouvrir la bergerie ?
Qu'en dira mon Robert ? Robert, votre féal ,
Verra-t-il de bon œil triompher son rival ?
Et quel rival ! quel homme ! un galant formidable,
Un scélérat d'espece à tout le moins pendable !
Examinez-le bien ; ses regards, ses douceurs,
Masquent les trahisons, les complots, les noirceurs,
Le rapt , cas sérieux , affaire criminelle
Qui mene un Damoiseau du lit à la Tournelle ,
Et vous rappelleriez un pareil garnement !

G A S P A R D.

Va , te dis je , & sur-tout mot de l'enlévement.

T O I N E T T E.

Mais vous hasardez trop…

G A S P A R D.

                    Eh non, tu me fatigues !
Éclairons de plus près Lénos & ses intrigues.

T O I N E T T E.

Mais, que lui dire ?

GASPARD.

Net, qu'il ne m'est plus suspect.

TOINETTE.

En effet, où trouver quelqu'un plus circonspect?

GASPARD.

Qu'on m'a parlé de lui, qu'avec pleine licence
Il revienne...

TOINETTE.

Quoi faire? abuser l'innocence,
Feindre la passion, la fievre des amans
Qu'on voit avec pitié contrister nos Romans,
Jouer un désespoir, la fureur assassine,
S'arracher les cheveux, sans blesser la racine!

GASPARD.

Qu'il paroisse! on saura confondre l'imposteur;
Sous la peau du serpent fût-il le tentateur,
Il se déguise en vain : s'il trompe la prudence,
S'il donne un air candide au front de l'impudence,
Bientôt il se trahit, c'est le sort des pervers,
Leurs plus brillans succès présagent leurs revers.
Voyons Lénos.

TOINETTE.

Je pars, l'ambassade est nouvelle :

Le traître qu'on doit fuir, chez vous même on
         l'appelle !

GASPARD.

Eh ! qui ne songeroit avec ravissement
Que pour le démasquer il suffit d'un moment ?

TOINETTE.

Ce moment viendra-t-il ?

GASPARD.

                    Que risqué-je à l'attendre ?

TOINETTE.

Votre Isabelle est prise aux rêts qu'on va lui tendre.

GASPARD.

Pour mieux l'en garantir montrons-lui le danger.

TOINETTE.

Mais encore un coup…

GASPARD.

                    Pars, sans plus verbiager.

TOINETTE.

J'obéis à regret ; pour vous j'ai l'ame en transe :
Considérez…

GASPARD.

Dépêche, & point de remontrance.

TOINETTE.

Je vais, puisqu'il le faut, remplir la mission
Qui prépare à l'honneur échec & lésion :
Craignez que par vos soins notre belle ingénue
N'aille enfin du Lénos payer la bien-venue.

GASPARD.

Qu'il rentre ! Je le veux.

TOINETTE.

    Hélas ! par son retour,
Vous mettez la colombe aux griffes du vautour.

SCENE SECONDE.

GASPARD.

Expulsez un Lénos, qu'arrive-t-il ensuite ?
Que vous n'avez rien fait qu'enhardir sa poursuite !
Affublé du manteau, dans l'ombre de la nuit,
Il rode, l'Argus dort, l'Agnès veille, s'enfuit !
Après cela Robert soutiendra d'un ton ferme
Qu'on apprivoise aux clés des filles qu'on enferme ;

Qu'il faut en tous Pays, Turcs, Hébreux ou
       Chrétiens,
Donner à leur vertu quatre murs pour soutiens;
Qu'on perd sa rhétorique à fronder les usages,
Qu'ils maîtrisent les fous, qu'ils régentent les sages,
Qu'où parle la coutume il faut qu'aveuglément
La raison s'asservisse à son vain réglement!
Mon Robert prouvera!... Mais lui-même s'ap-
       proche;
A mon gendre futur un tantet de reproche.

SCENE TROISIEME.

GASPARD, ROBERT.

ROBERT.

Salut, Monsieur Gaspard.

GASPARD.

              Quel soin t'amene ici?
Nos affaires!

ROBERT.

L'amour.

GASPARD.

              C'est ton premier souci!

ROBERT.

Laiſſons nos débiteurs, raiſonnons d'Iſabelle ;
Convenez que Lénos lui trouble la cervelle,
Qu'il vous falloit d'abord écarter, ſans retour,
L'équivoque Monſieur, qui marche par détour ;
Que votre enfant menée avec trop d'indulgence
Pouvoit un beau matin partir en diligence,
S'appuyer ſur la foi du Marquis ſéducteur
Qui devenoit pour elle un ſcabreux conducteur ;
Qu'en dépit du Moliere, oracle de couliſſe,
Aux filles ſous la clé jamais le pied ne gliſſe,
Et qu'un double verroux...

GASPARD.

         Si je diſois un mot,
Si tu ſavois....

ROBERT.

Quoi donc !

GASPARD.

         Ah ! qu'un amant eſt ſot !

ROBERT.

Qu'ai-je fait !

GASPARD.

Rien, te dis-je, & c'eſt moi que j'accuſe,

Moi qui par tes conseils, que le bon sens récuse,
Suivois, d'un cœur peiné, l'exemple rigoureux
Des Argus qui de l'œil chassent les amoureux ;
Moi qui par tes leçons brusquois mon Isabelle,
Rendrois la plus soumise à ses devoirs rebelle ;
J'emprisonnois ma fille….

ROBERT.

Eh bien !

GASPARD.

A son Geolier
L'enfant gardoit un tour qui n'est pas d'Ecolier.

ROBERT.

Elle !

GASPARD.

Sous les lueurs d'une étoile prospere
Partoit, sans dire adieu.

ROBERT.

Bon !

GASPARD.

Pas même à son pere.

ROBERT.

Votre fille !

GASPARD.

Échappée à tes rudes verroux
L'enfant me délaissoit pour suivre... quel époux!

ROBERT.

Le croirai-je ?

GASPARD.

A nos yeux, cette nuit, enlevée...

ROBERT.

Lénos la raviroit !

GASPARD.

Toinette l'a sauvée.

ROBERT.

Et la Justice épargne un vil larron d'honneur
Qui vient, si lâchement, traverser mon bonheur !
Il n'en est plus pour moi : le scélérat insigne
Triomphe de l'objet dont je crus être digne ;
Je perds tout ce que j'aime, & je ne dois songer
Qu'à gémir sur mon sort plutôt qu'à le changer.

GASPARD.

Dissipe tes chagrins ; je réponds d'Isabelle.

ROBERT.

Je compte plus sur vous que je n'espere d'elle.

G A S P A R D.

Je découvre pour toi ses secrets sentimens.

R O B E R T.

Oui, vous savez quels sont leurs refroidissemens !

G A S P A R D.

Sais-je pas que Lénos éveille sa jeunesse ?

R O B E R T.

Il fait mieux, le perfide, il gagne sa tendresse.

G A S P A R D.

Mais, que me dirois-tu si ma fille aujourd'hui
Prévenoit nos desirs, alloit rompre avec lui ?

R O B E R T.

Quelle apparence ? aucune !

G A S P A R L.

       Et moi je conjecture
Qu'on pourra célébrer, dès ce soir, la rupture.

R O B E R T.

Dès ce soir !

G A S P A R D.

    Calme-toi, je rumine un projet.

ROBERT.

Quel est-il ?

GASPARD.

Tu sauras, toi-même en es l'objet ;
Laisse : il me faut chercher un peu de solitude ;
Mon esprit, en travail, aura plus d'aptitude,
Moins de peine à bâtir ce projet important
Qui ménage un salaire à ton amour constant.

ROBERT.

Je sors, mais... nous verrons.

GASPARD.

Je pourrai te surprendre ;
Gaspard aura bientôt l'ami Robert pour gendre.

ROBERT.

Je fonde encor sur vous quelque tranquillité.

GASPARD.

Où seroit mon plaisir sans ta félicité ?

ROBERT.

Reverrai-je Isabelle à mes vœux favorable
Autant que votre cœur m'est toujours secourable

GASPARD.

Oui, tu connois le sexe, à lui-même il revient,

Quoique volage, il sent quel parti lui convient,
C'est toi que l'on préfere.

ROBERT.

Et c'est moi qu'on oublie!

GASPARD.

Va, songe à ton hymen ; dans peu je le publie.

SCENE QUATRIEME.

GASPARD.

MA fille a-t-elle eu part à cet enlévement ?
C'est un point qui demande un éclaircissement.
Eh quoi! simple au-dehors, peut être au fond rusée,
Mais par un plus subtil, par Lénos abusée,
Prise à la flatterie, aux parfums du poulet
Que lui glissa sous main quelque maudit valet,
Elle auroit pu manquer pour moi de gratitude,
M'abandonner, jouir de mon inquiétude!
Non, je ne puis le croire : ah! Gaspard, que sais-tu ?
Fragile comme verre, à quoi tient la vertu ?
Les hommes, ces galans, n'ont autre soin ni cure
Que d'ajouter une aîle aux pieds de leur Mercure :
Les Marquis engeoleurs, ces Diables n'ont-ils pas
Cent piéges, au lieu d'un, pour d'innocens appas ?

SCENE

SCENE CINQUIEME.

GASPARD, TOINETTE.

TOINETTE.

Monsieur, j'ai vu Lénos.

GASPARD.

        Bon. Quel fruit du meſſage ?

TOINETTE.

Du menſonge, pour vous, j'ai fait l'apprentiſſage ;
D'éloges indiſcrets ſi j'ai pu l'amuſer,
C'eſt vous, & non pas moi, qu'il faut en accuſer.

GASPARD.

Qu'as-tu fait ? qu'as-tu dit ?

TOINETTE.

        La vérité....

GASPARD.

              Suſpecte !

TOINETTE.

Mais en vous ſon miroir, Monſieur, je la reſpecte.
J'ai dit que le mérite aura ſes détracteurs,

B

Tant qu'il exiſtera des calomniateurs,
Que le caffard déchire un tas de bons Apôtres,
Les taxe d'un faux zele, eux & leurs patenôtres,
Qu'on voit pour tout tableau dans la Société
La médiſance en cercle avec l'oiſiveté.

GASPARD.

Bien.

TOINETTE.

Qu'on eſpere à tort eſquiver la cenſure,
Fût-on ſage accompli, folâtre avec meſure ;
Qu'on a parlé, qu'on parle & que l'on parlera
Tant que ſur ſon pivot le monde roulera.

GASPARD.

Bien.

TOINETTE.

Qu'on peut ſur le toît fixer la girouette,
Mais que ſans fin la langue au palais pirouette ;
Que ſur l'un, que ſur l'autre, avec malignité,
Elle exerce à plaiſir ſa volubilité,
Mais qu'elle eſt moins agile à chanter les louanges
Des hommes merveilleux, auſſi purs que des Anges.

GASPARD.

Bien.

TOINETTE.

Lénos attentif ſourit à mes diſcours,

Et moi l'apoſtrophant, aux feintes j'ai recours.

(Elle tourne le dos à Gaſpard , apoſtrophe Lénos comme s'il étoit là préſent.)

Vous ſemblez ſtupéfait , Monſieur ! Nulle ſurpriſe
Quand je viens de Gaſpard réparer la mépriſe :
Il vous croyoit Tartuffe à fuir comme un ſerpent ;
Pardonnez ſon erreur , s'il peche , il ſe repent ,
Il ſait , n'en doutez point , qu'avec des impoſtures
On pourroit lui cauſer d'effroyables tortures ;
Que l'on s'opiniâtre à tarer la vertu
Dont il auroit dû voir ſon Lénos revêtu ,
Et par ſon ordre exprès chez lui je vous rappelle
Pour ſervir de Mentor à ſa jeune Iſabelle.

GASPARD.

Tu railles ; mais réponds , vient-il !

TOINETTE.

Aſſurément.

Comptez ſur la chaleur de ſon empreſſement ;
Il expédie un mot : ſa Lettre circulaire
Arrache à vingt Beautés tout eſpoir de lui plaire :
C'eſt l'ours que nos Laïs auroient peine à polir :
C'eſt le roc qu'Iſabelle a pu ſeule amollir :
A la Ville , à la Cour , aucun des ſiens n'ignore
Qu'il chérit votre fille autant qu'il vous honore :
Les titres , les blazons des Marquis ſes aïeux

B ij

Peuvent-ils empêcher qu'il n'aille, & sous leurs yeux,
Suivre des bonnes gens le métier, la rubrique,
Enrichir le commerce, épouser la fabrique?

GASPARD.

Tu rends ses propres mots!

TOINETTE.

                    Dans leur simplicité :
La candeur sert de voile à la duplicité ;
Mais Lénos, qui de gendre acquiert chez vous
      l'office,
N'écarteroit-il pas l'ombre d'un artifice ?
Combien il fraternise avec ces ingénus
Qui par la voie oblique à tout sont parvenus!

GASPARD.

Tel qu'il soit, faux ou vrai, qu'on l'aime ou qu'on
      le craigne ;
Que Toinette, à son gré, le prise ou le dédaigne,
J'entends que l'on s'apprête à le bien recevoir.

TOINETTE.

Doutez-vous qu'Isabelle ait joie à le revoir?

GASPARD.

Si-tôt qu'il paroîtra, dès qu'ils seront ensemble....

TOINETTE.

Jamais fille a-t-elle eu pere qui vous ressemble?

Vous l'expofez, Monfieur....

GASPARD.

Encor nouveau fermon!

TOINETTE.

Vous la livrez, vous dis-je, au plus malin Démon.

GASPARD.

Si-tôt que le Satan, avec fa voix traîtreffe,
M'aura fait doux accueil, ainfi qu'à ta Maîtreffe,
Quitte-moi ta befogne, & fonge à m'avertir
Qu'un rendez-vous me preffe.

TOINETTE.

Et vous iriez fortir!

GASPARD.

Mais abfent pour Lénos, j'ai l'œil fur Ifabelle,
La voici ; laiffe-nous.

SCENE SIXIEME.

GASPARD, ISABELLE, TOINETTE.

TOINETTE.

ALLONS, Mademoiselle,
Plus de verroux, de gêne, entiere liberté,
Nous ramenons ici Lénos & la gaieté.
Monsieur se lasse enfin d'être un dur pédagogue,
De crier après vous, d'aboyer comme un dogue,
Il montre le visage affable, intéressant,
Qu'offre aux jeunes brebis un Pasteur caressant.

SCENE SEPTIEME.

GASPARD, ISABELLE.

ISABELLE.

EST-IL vrai que vous-même exaucez ma priere,
M'ouvrez la chambre obscure où j'étois prisonniere?

GASPARD (*invitant de la main sa fille à s'asseoir, & lui-même s'asséiant*).

Oui, ma fille: il est vrai qu'à mon cœur paternel
Ta prison dut coûter un regret éternel;

Qui cede à la douceur résiste à la contrainte.
Si j'ai pu t'inspirer moins d'amour que de crainte,
Suivre un barbare usage, étourdir ma raison,
Jusqu'à te cloîtrer même en ta propre maison,
C'est de l'autorité le coup le plus inique,
C'est le malheureux fruit d'un conseil tyrannique :
Si j'ai pu l'écouter, j'avoue, & hautement,
Que j'avois, comme un fou, perdu le jugement.
Lénos, que j'écartai, rentre avec assurance
Pour conclure un hymen ta plus chere espérance.
J'ai peine à démêler quel sort capricieux
Exiloit un Seigneur pour nous si précieux.
Depuis quatre ou cinq mois qu'il seche dans ta rue,
Avec lui ma gaieté, la tienne est disparue ;
Mais qu'il arrive en hâte, adieu nos airs plaintifs,
Nous passons les momens les plus récréatifs.
On m'assure, & je tiens le rapport très-fidele,
Que ton Marquis ne voit, ne rêve qu'Isabelle ;
Qu'il conserve à ma fille un tendre souvenir,
Et qu'il hazarde tout, oui tout, pour l'obtenir.

ISABELLE.

Vous disiez que Lénos égaroit ma jeunesse,
Que sa bouche exprimoit une fausse tendresse ;
Jugez par quel attrait, jugez par quel pouvoir
Cet aimable Enchanteur vous force à le revoir !

GASPARD.

Comme à toi , sa présence ici m'est nécessaire.

ISABELLE.

Vous savez de quel zele il aspire à vous plaire,

GASPARD.

Je sais , qu'il te l'écrit.

ISABELLE.

Et si vous l'ignoriez...

GASPARD.

Tu m'en ferois l'aveu !

ISABELLE.

Bientôt vous le sauriez.

GASPARD.

A présent qu'avec toi je suis d'humeur traitable,
Que je dépouille un front sévere , insupportable,
Aurois-tu bonne grace à me dissimuler
Les novices amours dont je te vois brûler?

ISABELLE.

Je ne les démens point ; que le Ciel me préserve
D'avoir encor pour vous ni secret ni réserve.
Lénos m'écrit.

GASPARD.

Ah! ah!

ISABELLE.

              C'est mon petit cousin
Qui me rend ses billets.

GASPARD.

              L'officieux voisin !
Quels droits n'acquiert il pas sur ma reconnoissance ?

ISABELLE.

C'est un jeune garçon rempli de complaisance.

GASPARD.

Je garde à son service un tel remerciement,
Qu'il s'en ressouviendra, plus d'un jour, sûrement.

ISABELLE.

Dès qu'il faut m'obliger, il court à perdre haleine.

GASPARD.

Et quelque temps qu'il fasse....

ISABELLE.

            Il ne plaint point sa peine.
L'autre soir il tonnoit, le ciel n'étoit que feu :
Moi, tremblante de peur, je renonçois au jeu ;

Laissant mon bilboquet, je conjurois l'orage;
Les éclairs dissipés, je reprends du courage.
Mais la pluie & la grêle & les vents confondus
Viennent rendre l'alarme à mes esprits perdus :
Oui, d'un gage amoureux je languissois privée.

GASPARD.

La tempête arrêtoit du courier l'arrivée.

ISABELLE.

Les ondes par torrent grossissent, mais enfin
S'écoulent.

GASPARD.

Du Déluge on a dû voir la fin !

ISABELLE.

Comme il cessoit, tandis qu'occupée à relire
Les douceurs que vingt fois Lénos a pu m'écrire;
Lorsque dans un recoin j'allois, sans complimens,
Répondre, avec délice, à ses beaux sentimens,
Sous ma fenêtre on siffle.

GASPARD.

Et le sifflet t'emporte !

ISABELLE.

Oui, j'échappe à Toinette, & je vole à la porte.

GASPARD.

Au-devant du cousin !

ISABELLE.

Lui-même, & du portrait
Que voilà (*le tirant de sa poche, & le montrant à
son pere*).

GASPARD (*à part*).

J'en frémis.

(*Haut.*)

C'est Lénos ?

ISABELLE.

Trait pour trait.

GASPARD.

Son regard est frappant.

ISABELLE.

Sa figure ?

GASPARD.

Galante.

ISABELLE.

Sa grace ?

GASPARD.

Incomparable !

ISABELLE.

Et sa bouche ?

GASPARD.

Parlante.

ISABELLE.

Que les jours désormais vont me paroître doux !
Ne m'accordez-vous pas le meilleur des époux ?

GASPARD.

Qu'on m'en trouve un pareil : il tentera ces veuves
Qui n'osent convoler qu'après longues épreuves !
Auroit-on jamais cru découvrir dans Paris
Le phénix des amans, la perle des maris ?
C'est un bonheur marqué : bénissons ta planette.
Mais si je parle enfin d'une ame franche & nette,
Si je risque avec toi quelque avis important,
C'est qu'en l'occasion tu m'en rendrois autant.
Un de mes vieux consorts, à barbe vénérable,
Impute à ton futur un méchef exécrable ;
Et pour te dire, au vrai, la chose en raccourci,
Je tremblois que Lénos ne t'enlevât d'ici.

ISABELLE (*se levant*).

M'enlever, quel dessein !

GASPARD (*se levant*).

Tu m'en parois surprise !

ISABELLE.

Croyez-vous que j'approuve une telle entreprise ?

GASPARD.

Moi, ma fille !

ISABELLE.

Vous-même avez pu soupçonner
Qu'Isabelle consente à vous abandonner ?

GASPARD.

En serois tu capable ?

ISABELLE.

Ah ! délaissant mon pere
J'éprouverois bientôt la céleste colere :
Quelque part où j'allasse égarer ma douleur....

GASPARD.

Tu n'y rencontrerois qu'infortune & malheur.

ISABELLE.

Des hydres, des brigands, des fléaux, la famine.

GASPARD.

Tu croirois qu'à tout coup la foudre t'extermine.

ISABELLE.

Que la terre s'entrouvre, à mes yeux, sous mes pas,

Précipite une ingrate au gouffre du trépas.

GASPARD.

Mais l'adorable fille à ses devoirs fidelle,
Riante avec les jeux badinans autour d'elle,
Attache à ses côtés des Roberts pleins d'honneur,
Fuit, comme un meurtrier, le sieffé Suborneur
Qui, n'employant qu'à mal son esprit, sa finesse,
Met son infâme gloire à tromper la jeunesse.

ISABELLE.

Lénos, lui ! connoît-il trahison ni détour ?

GASPARD.

Aucun, ma fille : allons épier son retour.

ACTE SECOND.

SCENE PREMIERE.

GASPARD, ISABELLE.

ISABELLE.

Il tarde.

GASPARD.

Il va venir ; sa toilette l'occupe.

ISABELLE.

A l'égard de son style ; eh bien ! en suis-je dupe ?
Vous l'avez vu ; parlez : le croyez-vous trompeur ?

GASPARD.

Non pas ; mais...

ISABELLE.

Le voici lui même.

GASPARD (à part).

Il me fait peur.

SCENE SECONDE.

LÉNOS, GASPARD, ISABELLE.

ISABELLE.

ENFIN, c'est vous, Lénos!

LÉNOS.

　　　　　　　　Étouffons la pensée
D'un exil qui pesoit sur mon ame oppressée ;
Je vous revois ! quel charme enivre tous mes sens !
J'ai peine à modérer l'ardeur que je ressens.
Loin de vous je séchois ; je recouvre la vie :
Il ne m'en restoit plus, quand vous m'étiez ravie,
Et que de mes chagrins sans cesse importuné,
Je perdois tout espoir d'un hymen fortuné.

ISABELLE.

Vous m'aimeriez toujours!

LÉNOS.

　　　　　　　　Avec combien de joie
Je retrouve, Monsieur, un beau-pere!

GASPARD (à part).

　　　　　　　　Et ta proie.

LÉNOS.

LÉNOS.

Avouez qu'on s'expose à juger faussement
Lorsque sur le prochain on brusque un jugement;
Soyez un homme intact, craignez la perfidie,
Garrez-vous de la trame en lieu secret ourdie.
Que je hais ces pervers dont la méchanceté
Trouble le bel accord de la Société,
Trop long-temps m'écarta, sans motif ni décence,
Du logis où je rentre avec mon innocence!

GASPARD.

Vous me voyez confus, lisez dans mes regards
Quels maux j'ai dû souffrir à vous manquer
          d'égards,
A vous congédier, sur la foi mensongere
Des juges dont l'arrêt vous blâme à la légere.

LÉNOS.

C'en est fait, du passé perdons le souvenir.

GASPARD.

Il seroit trop fâcheux pour moi d'y revenir;
Quel regret j'ai!...

SCENE TROISIEME.

LÉNOS, GASPARD, ISABELLE, TOINETTE.

TOINETTE.

Monsieur.

GASPARD.

J'y vais.

TOINETTE.

L'heure vous presse ;
On vous attend là bas.

GASPARD.

Pardon, si je vous laisse ;
Mais le devoir m'appelle…

LÉNOS.

Allez, Monsieur Gaspard ;
Il s'agit d'intérêt ! pas le moindre retard.

GASPARD.

Le commerce…

LÉNOS.

Est fort libre : allez, le temps se couvre,

Sauvez-vous aux Confuls, déjà leur Chambre
   s'ouvre.

GASPARD.

Avec un mien Confrere un léger différend
Peut tourner en procès...

LÉNOS.

         Rien de plus apparent !
Évitez, croyez-moi, d'ingrates plaidoîries,
Ce font coups hafardeux pour nous & nos hoiries.

GASPARD.

J'ai honte...

LÉNOS.

     A me quitter ! eh bien, jufqu'au revoir !
Allez, toujours on gagne à remplir fon devoir.

GASPARD.

Quelque flatteufe ici que foit votre vifite...

LÉNOS.

Diligence en affaire apporte réuffite ;
Allez donc, point d'excufe, entre nous tout permis,
Pour nous gêner en rien nous fommes trop amis.

GASPARD.

Lorfqu'avec vous, bientôt, je contracte alliance...

LÉNOS.

O moment fouhaité !

GASPARD.

     Puis-je avec défiance
Vous charger de ma fille ? elle est si jeune encor !

TOINETTE.

En de si bonnes mains je répons du trésor,
Précieux, s'il en fut !

LÉNOS.

     Suspect dépositaire,
Oserois-je y toucher sans le sceau du Notaire,
Endommager ainsi ma réputation,
Jouir, à mes dépens, par usurpation ?
Des tantes, maintes fois, m'ont confié leurs nieces,
A ma place, un vaurien, Damis leur eût fait pieces ;
Pour moi, les promenant, je tremblois qu'un fétu
N'embarrassât leurs pas, ne fît cheoir leur vertu.

GASPARD.

Quoique de vous, Monsieur, l'on s'acharne
   à médire,
Tenons vos ennemis pour langues à maudire,
Et si l'on vous impute un coupable dessein,
Parions qu'il n'a pu sortir de votre sein.
    (A sa fille.)
Toi, rends à ton futur ce qu'on lui doit d'estime.

LÉNOS.

Si quelqu'un m'en accorde....

ISABELLE.

Elle est bien légitime !
Ne m'a-t-on pas, à moi, confessé hautement
Que l'on vous maltraitoit le plus injustement ?
Mais voilà que mon pere à son gendre se voue,
Et répare envers lui la faute qu'il avoue.

GASPARD (*bas à sa fille*).

Et vîte un bon contrat.

TOINETTE.

Monsieur, votre procès,
Si vous n'y pourvoyez, aura maigre succès !
Songez que le Consul, exempt de bienséance,
N'a point l'intention d'allonger la séance.

LÉNOS.

Partez donc.

GASPARD.

Avec vous je m'oubliois, Marquis,
Soyez libre chez moi comme en Pays conquis,
Sur le meilleur patron formez mon Isabelle.

TOINETTE (*à part*).

S'il n'en tire aîle ou pied, nous l'échapperons belle.

GASPARD.

Dites-lui franchement...

LÉNOS.

Je dirai ce qu'il faut ;
J'emploîrai tous mes yeux à lui voir un défaut :
Mais voyant sa vertu pure & sans alliage,
Qu'ai-je à faire, sinon un heureux mariage?

GASPARD (*bas à sa fille*).

Épouse & sans délais. (*Il salue Lénos qui s'incline ;
il prend Toinette par le bras, sort avec elle, &
rode, seul, la Scene durant.*)

SCENE QUATRIEME.

LÉNOS, ISABELLE, GASPARD
(*aux écoutes*).

LÉNOS.

Me laisser, sans façon !

ISABELLE.

Où prendroit-il de vous aucun mauvais soupçon?
Il a su vous connoître !

LÉNOS.

Il sait que la jeunesse
Raisonnable avec moi, se forme à la sagesse,
Profite ; & que bien loin d'altérer sa candeur,

Blesser sa modestie , alarmer sa pudeur ,
J'aime à la voir souvent rougir de l'équivoque
Que Cupidon suggere ou que Bacchus provoque :
Et si Gaspard me fête en ma verte saison...

ISABELLE.

C'est qu'il revoit chez nous l'enfant de la maison !
Il dit qu'à m'épouser vous emploîriez la force.

LÉNOS.

C'est à vous conquérir qu'en brave je m'efforce.

ISABELLE.

Il dit que vous brûlez de feux si véhémens
Qu'ils peuvent m'exposer à des enlévemens.

LÉNOS.

Est il aucun moyen qu'avec gloire on ne tente ,
Machine qu'on n'ajuste & ressort qu'on n'invente ,
Pour s'assurer l'objet dont l'admirable aspect
Tient le désir captif sous la loi du respect ?
Doutez-vous que mon cœur ?...

ISABELLE.

               Quel autre plus sincere ?
J'obéis volontiers aux ordres de mon pere ;
Et pour le contenter , pour répondre à vos vœux ,
Il faut , dès aujourd'hui , nous marier tous deux.

LÉNOS.

Souffrez qu'avant la noce, avec vous je m'explique.

ISABELLE.

A quoi bon vos retards?

LÉNOS.

Attendez ma replique.
Ma franchise est connue, & pour la signaler,
A moi-même indiscret, je m'en vais vous parler.
Je détestai l'hymen, j'osai lui faire injure,
Eteindre les flambeaux de son autel parjure;
Et pour les rallumer, d'un coup-d'œil décevant,
Vénus n'eût point en moi trouvé son desservant;
J'aurois pu me résoudre à tout, à me voir pendre,
Plutôt que d'acquérir femme pour en dépendre.
Aujourd'hui que j'éprouve, après un long combat,
Qu'il faut rompre pour vous mon vœu de célibat,
Jugez de mon malheur! Si je vole au Notaire,
Je rencontre cet oncle à nos liens contraire.

GASPARD (*à part*).

Ce Monsieur Darmancour!

ISABELLE.

Comme il est arrogant!

LÉNOS.

Tel que je vous l'ai peint.

ISABELLE.

Le rare extravagant!

LÉNOS.

Unique en son espece!

ISABELLE.

Avec son champ de gueule,
Il juge sa maison la premiere!

LÉNOS.

Et la seule!

ISABELLE.

L'orgueilleux!

LÉNOS.

Un Baron, de grandeurs entiché,
Hibou seigneurial dans ses donjons niché,
Sauvage à la Campagne, intraitable à la Ville,
Gentilâtre à la Cour, moderne Sottenville,
Plus ridicule encor par son accoutrement,
Figure à tapisser gothique appartement!
Qu'au Spectacle il paroisse, armé de sa moustache,
Il nargue les brocards que chacun lui détache;
Vous, en loge, dit-on! hé, que faites-vous là?
Débutez au Théâtre, & jouez Attila!
Jamais du Roi des Huns l'intrépide effigie
N'effraya mon Héros, issu de la Phrygie;
Et son feutre espagnol, de plumes surmonté,
Coiffe en Opérateur le Soudart effronté.

ISABELLE.

Il a donc fait la guerre !

LÉNOS.

      Et d'horribles ravages
Dans les Pays connus , sur d'étrangers rivages ;
D'un bout du monde à l'autre il porta son drapeau,
Battit le Caffre & fit des tambours de sa peau ;
Mon oncle singulier...

ISABELLE.

      Il est garçon, je pense !

LÉNOS.

Oui , pour sa courtisane il outre la dépense :
Notre vieux libertin , dans son vice empâté,
Prêche le mariage , & n'en a point tâté ;
Pour dot il m'offre un nom fameux sous Char-
  lemagne ,
Fille admise en Chapitre, un bijou d'Allemagne ;
Je refuse.

ISABELLE.

Il s'irrite !

LÉNOS.

    Et moi , plus vivement,
J'oppose ma furie à son emportement :

Qu'il m'ôte tous mes droits sur son vaste héritage,
Mais qu'il laisse à mon cœur un plus riche partage,
Qu'il me rende l'espoir d'être à vous sans retour !
Quel bien puis-je envier? N'ai-je pas votre amour?

GASPARD (*à part*).

Tu l'as pour le trahir !

ISABELLE.

C'est une étrange chose
Qu'il faille qu'un neveu s'engage , se dispose
A suivre des parens la folle autorité ,
Ou bien, s'il se révolte , il est déshérité!

LÉNOS.

Ces Messieurs , les voilà !

ISABELLE.

Toujours à leur chimere
Faut-il des passions immoler la plus chere ?

LÉNOS.

Sans doute ! ont-ils parlé? nul mot à repartir ,
Il faut brider ses goûts , aux leurs s'assujettir ,
Par devoir, sans murmure , adopter pour sa couche
Matrône en cheveux gris, laidron d'antique souche,
Comme au Nobiliaire il est dûment prouvé
Par titre manifeste ou titre controuvé.

ISABELLE.

Si votre oncle falot le juge incontestable,
Un monstre est donc pour vous le seul parti
    sortable ?

LÉNOS.

Fût-il borgne, bossu, bancroche, balafré,
Je contracte avec lui, sinon je suis coffré,
Point dans la Citadelle où la douceur commande,
Accorde au prisonnier les graces qu'il demande,
Mais dans un fort gardé par des Geoliers plus durs,
Insensibles bien plus que leurs fers & leurs murs.
Quel avenir !

ISABELLE.

    Affreux ! se peut-il qu'on l'évite?

LÉNOS.

Je réponds du succès, agissons au plus vîte,
Désertons cette Ville où, sans humanité,
L'homme ne connoît rien que l'or, la vanité ;
Où l'on voit des abus qu'un muet ne peut taire,
L'avarice & l'orgueil joints pardevant Notaire :
Cherchons le pur asyle où, libre de parens,
Le cœur signe un contrat dont les Cieux sont
    garans.

GASPARD (à part).

Elle hésite.

LÉNOS.

Partons.

ISABELLE.

J'approuverois qu'à l'aise,
On pût jusqu'à Pékin suivre mari qui plaise,
L'accompagner par-tout, voir des Peuples divers,
Traverser monts & vaux, arpenter l'univers ;
Mais pour aller au loin courir le mariage,
Il faut nous assurer d'un bon guide en voyage.

LÉNOS.

Voici Lénos.

GASPARD (*à part*).

Quel guide !

LÉNOS.

En seroit-il pour vous
D'autres plus vigilans, plus sûrs que votre époux ?
Dans un char scandaleux m'en irois-je, sans honte,
Égarer Isabelle au bosquet d'Amathonte,
Au piége la surprendre ?

ISABELLE.

Oh non !

LÉNOS.

Pour l'en sauver,
Il n'est mort qu'à grands pas je n'allasse braver :

Que craindre ? embarquons-nous.

ISABELLE.

Je vais querir mon pere.

GASPARD (*à part*).

Bon. (*Il se retire en s'applaudissant, & rentre à
la dérobée.*)

ISABELLE.

Il me parle enfin sur un ton moins févere,
Ici plus de contrainte, il brife mes verroux,
Pour moi plus de frayeurs, il calme fon courroux,
La bonté lui fuccede, & je vous cautionne
Qu'il vous chérit, Lénos, comme il m'affectionne,
Qu'il eft mon confident, qu'il a vu de fes yeux,
Non pas avec chagrin, mais d'un air fort joyeux,
Vos amours, par écrit, & votre mignature
Qu'il eftime un morceau, chef-d'œuvre de nature ;
Qu'avec nous je le vois tout prêt à voyager :
N'eft-ce pas un plaifir à lui bien ménager ?

GASPARD (*à part*).

Oui, ma fille.

LÉNOS.

L'on fait à quel point je l'honore ;
Je ne vous l'apprends pas.

ISABELLE.

Pensez-vous qu'il l'ignore ?

LÉNOS.

J'aime Monsieur Gaspard ; l'on sait, chacun le dit,
Qu'il achete comptant & débite à crédit,
Qu'avec sa renommée il étend son commerce,
Que sur deux ou trois mers, sans bourasque,
    il l'exerce ;
Et que les quatre vents, Zéphyrs pour ses vaisseaux,
Amenent de la Chine en France maints trousseaux ;
Mais qu'il parte avec nous !

GASPARD (*à part*).

Il va barrer ma route !

LÉNOS.

Que dit-on ? Il s'évade ! il fait donc banqueroute !

GASPARD (*à part*).

Moi !

ISABELLE.

Lui !

LÉNOS.

L'un veut qu'il soit fraudé par son Courtier,
L'autre qu'on ait volé son portefeuille entier.

ISABELLE.

Mensonge!

LÉNOS.

> L'un prétend qu'avec sa Rosélie
Sept fois dans la semaine il faisoit chere lie.

ISABELLE.

Imposture !

LÉNOS.

> A punir ! Mais l'autre insistera
Sur l'écrin qu'il donnoit aux Agnès d'Opéra.

ISABELLE.

Les fréquente-t-il ?

GASPARD (*à part*).

Peu !

LÉNOS.

> Des femelles causeuses
Attestent pareils faits ! on en croit les gloseuses !
Et du Public frondeur le dard envenimé
Mord sur l'homme de bien , dès qu'il est opprimé.

ISABELLE.

Mon pere irréprochable...

LÉNOS.

> Un sot le sacrifie !
Le voilà criminel , quand je le justifie !
Moi , l'on m'accuse après.

ISABELLE.

ISABELLE.

A quelle occasion ?

LÉNOS.

J'aurai du bon Gaspard aidé l'évasion,
Soulagé l'infortune, afin qu'avec myſtere
Il prête à nos amours ſon vénal miniſtere.

GASPARD (*à part*).

Morbleu !

LÉNOS.

Voilà le bruit ! L'oncle, mal informé,
Renonce à vous, à moi, l'on me tient renfermé,
L'on ne m'écoute point; le Darmancour s'indigne
Contre un beau-pere, hélas ! dont Lénos étoit
    digne.

ISABELLE.

Pourquoi tout ce vacarme ?

LÉNOS.

Accuſons la hauteur,
Le panache inſultant du belliqueux tuteur,
Sorti des Paladins !

ISABELLE.

Le Héros s'imagine
Qu'il a pu des Céſars tirer ſon origine !

D

LÉNOS.

Des Parchemins Gaulois prouvent que sa maison
Même avec Dagobert soutient comparaison.

ISABELLE.

Avec le Roi des Huns eût-il le cousinage ,
Doit-il compter pour rien ?...

LÉNOS.

             J'entends, l'Echevinage ;
Quel relief pour Gaspard !

ISABELLE.

             Mon pere & ses agens
Valent bien ces Messieurs qui dédaignent les gens,
Et si nous n'avons pas leurs belles armoiries ,
Tout leur train , leurs chevaux , leurs Pages
         d'écuries ,
Nous avons de l'honneur , autant qu'eux , pour
         le moins ,
Tous nos Associés n'en sont-ils pas témoins ?
On nous prône en Hollande , au Caire , aux Dar-
         danelles ,
L'Idolâtre lui-même endosse nos flanelles ;
Si le blazon nous manque...

LÉNOS.

             On s'en passe aisément !
Il fournit à l'orgueil un nouvel aliment.

ISABELLE.

Et votre Darmancour avec ses airs de Prince…

LÉNOS.

Enflé, comme un balon, d'un mérite assez mince !

ISABELLE.

Votre oncle suranné devroit avoir appris
Qu'on n'est point fait chez nous à souffrir des
      mépris;
Qu'un Manufacturier dont les laines moîlleuses
Réchauffent d'un manteau les épaules frileuses,
Est pour tous les états d'une autre utilité
Que Monsieur le Baron, avec sa qualité.

GASPARD (*à part*).

Bravò.

LÉNOS.

Domptons cette ame à nos vœux si rebelle,

ISABELLE.

Le moyen ?

LÉNOS.

Ne dépend que de mon Isabelle ;
Un mot de votre bouche, un seul de vos regards
N'adouciroit-il pas tigres & léopards ?
Venez, que tardons-nous ? La victoire est certaine ;

Mon oncle, à votre aspect, baisse sa voix hautaine ;
Il cede à vos attraits , je tombe à ses genoux ;
Je lui parle, il s'émeut , Lénos est votre époux.
Venez ; l'Hymen nous guide & le Ciel nous protége,
Les présages heureux nous servent de cortége :
Rassurez-vous ; quittez cet air sombre , interdit ;
Songez qu'à mes desseins votre pere applaudit.

(Gaspard s'avance.)

Gaspard ne sait-il pas que , loin d'être séduite ,
Vous marchez sous sa garde allant sous ma conduite ?

(Il lui prend la main ; elle résiste ; Gaspard paroît.)

GASPARD.

Bon , ma fille.

LÉNOS *(à part)*.

Que vois-je ?

GASPARD.

Oh ! j'arrive au moment
Où sans doute il s'agit d'un prompt engagement.

LÉNOS.

Qui vous attendoit là ?

GASPARD *(à part)*.

Qu'avec peine il m'endure !

(Haut.)

La Chambre des Consuls n'est que platras, qu'or-
dure ,

Nombre d'Aides-Maçons l'occupent à propos,
Je viens à nos amans rendre quelque repos.
Un oncle vaniteux toujours vous contrarie,
Défend qu'à mon souhait le couple se marie ;
Mais sur votre bonheur s'il daigne réfléchir,
Espérons, le cruel se laissera fléchir.

LÉNOS.

Pour vaincre sa jactance il faudra bien combattre,
Les obstacles sont forts !

GASPARD.

Vous saurez les abattre.

LÉNOS.

Je ne m'en flatte point ; connoissez mon tuteur,
Pour moi c'est un tyran plutôt qu'un protecteur.

ISABELLE.

Darmancour. . . .

GASPARD.

Laisse-nous ; tu conçois à merveille
Que pour ton mariage à l'instant où je veille,
Monsieur seul avec moi desire un entretien ;
Puisse-t-il lui paroître aussi doux que le tien !
Va donc, je te rejoins.

SCENE CINQUIEME.

LÉNOS, GASPARD.

LÉNOS.

EXCUSEZ, je vous quitte,
D'un pénible devoir il faut que je m'acquitte.

GASPARD.

Darmancour vous tracasse ; il se plaît à gêner
Vos penchans qu'à sa guise il voudroit gouverner !

LÉNOS.

J'obéirois aux loix que fait la parentelle !

GASPARD.

C'est l'ordre : le neveu met-il l'oncle en tutelle ?

LÉNOS.

Si du Code embrouillé l'indéchiffrable auteur
Désigne un Calotin pour mon Législateur,
Faut-il que je délire avec l'extravagance,
Que j'exhalte un bravache entaché d'arrogance,
Que j'épouse, à son choix, un vieil Armorial,
Ou dans l'Électorat, ou dans l'Escurial ?

GASPARD.

Que voulez-vous, Monsieur? Écoutez, je grisonne,

Long-temps j'ai vu le monde & par fois j'en
     raisonne;
Qu'est-il aux yeux du Sage?

LÉNOS.

                         Un Pays dépravé
Où par l'opinion le cœur est entravé.
Descendez-vous d'un Grand, d'un Milord, d'un
     Vidame,
Il vous faut de la Cour agréer quelque Dame,
Immoler vos soupirs à l'orgueil du lambel
Dont vous fûtes loti sous Philippe-le-Bel,
Répudier l'épouse au magasin choisie,
Oublier que les mœurs sont dans la Bourgeoisie.

GASPARD.

Jargon que n'entend point votre homme!

LÉNOS.

                         Il peut changer!

GASPARD.

A mon humble niveau viendroit-il se ranger,
Lui, dont la tête haute est des astres voisine,
Lui, dont l'antique aïeul remonte à Mellusine!

LÉNOS.

Il se panade en vain; quel titre glorieux
Résiste à la poussiere, en sort victorieux?

S'il naquit d'un beau sang, qu'il n'ait point la
foiblesse
D'en rehausser, par-tout, la frivole noblesse ;
Qu'il prenne un ton civil, des airs plus familiers,
Qu'il laisse avec ses preux errer ses Chevaliers,
Et de ses Darmancours, colonnes de l'Histoire,
Qu'il rejette à jamais la devise notoire
Pour vous rendre visite & s'en féliciter.

GASPARD.

Y pensez-vous ? Quoi donc ? pourroit-il éviter
Les reproches des siens, les traits de leur critique,
S'il mettoit, seulement, un pied dans ma boutique ?

LÉNOS.

Si je n'obtiens de lui qu'il consente à vous voir,
Je me rends à moi-même & brave son pouvoir.

SCENE SIXIEME.

GASPARD.

CES gens, de leurs pareils font ce qu'ils veulent
faire !
Feindre un oncle, un tuteur, pour eux est-ce une
affaire ?
Oh que non ! A Lénos Darmancour opposé
Domptera, sans effort, son orgueil supposé !

Le postiche Baron , bouffi de sa naissance ,
Plus modeste avec moi va lier connoissance ,
Et par ses doux propos ce Maître flagorneur
Vient aplanir ici la voie au Suborneur.

ACTE TROISIEME.

SCENE PREMIERE.

FRONTIN (*une bourse à la main, vêtu d'un habit superbe & chevaleresque*).

PERSONNE ici ! Songeons quel fut mon horoscope ;
Ah, Frontin ! c'est vouloir t'apprêter la syncope !
Tremble qu'à ton pourpoint, chamarré de brocards,
La Justice aux aguets n'attache ses placards :
Mais au sentier d'honneur où le Héros, le Sage,
M'invitent, de concert, à tenter le passage,
Peut-on marcher si droit qu'on n'aille enfin gauchir,
Qu'on ne prenne un détour qui mene à s'enrichir ?
Si mon maître, après tout, guétant sa jouvencelle,
S'en vient, pour l'accrocher, m'ouvrir son escarcelle,
Brusquerai-je un refus ? non , ma civilité,
Mes fourbes lui paîront sa libéralité.

(*Il délie sa bourse & compte ses ducats.*)

La somme est en bon or ; l'or régit toutes choses :
Il opere, à son gré, plus de métamorphoses
Que jadis n'en forgea. . . sais-je, moi, quel Auteur ?

Moi, valet de Lénos, figurer son tuteur,
Gourmander son amour, le servir & mieux faire,
L'appuyer d'un contrat pardevant....quel Notaire!
Marier, qui ? mon maître ! allons, plus de retard;
Mais... à l'heure où céans je suis l'oncle bâtard,
Si l'oncle légitime alloit tomber des nues,
Où serois-je ? on devine ! aux prisons, bien tenues !
Lâche ! ris de ta peur, tu préviens le danger !
Il est, quand il arrive, assez temps d'y songer;
Glissons sur l'avenir : d'ailleurs, quelle apparence
Que Darmancour, un siecle, éloigné de la France,
Du fond de l'Amérique où sert son Régiment,
Survienne, à toute jambe, ici, précisément,
Pour mater son neveu, rompre ses fiançailles,
Resserrer l'épouseur entre quatre murailles,
Et m'embarrasser, moi, d'un procès criminel,
Rendre par un arrêt mon trépas solemnel !
Rêves que tout cela ! couronne ton ouvrage;
Le crois-tu périlleux ? redouble de courage :
Frontin, ajoute un lustre au renom qui t'est dû;
Risque, pour cent ducats, d'être une fois pendu.

(Il crie à tue tête.)

Holà, quelqu'un, holà, ni valet ni servante !

SCENE SECONDE.

FRONTIN, TOINETTE.

TOINETTE.

Monsieur, dans le quartier vous jettez
l'épouvante.

FRONTIN.

Gaspard est-il ici?

TOINETTE.

Votre nom, s'il vous plaît ?
On juge à votre abord qu'il est grand tout-à-fait.

FRONTIN.

Mon nom triomphateur décide la victoire,
Brille au siecle présent & dans la vieille Histoire;
Mémorable, fameux, comme il l'a mérité,
Il vole, à tire d'aîle, à la postérité.

TOINETTE.

Le suive qui pourra!

FRONTIN.

Mes titres authentiques
Sur vélin sont gravés aux Archives antiques.

TOINETTE.

Aux carosses du Roi vous montez comme un Duc!

FRONTIN.

Aussi leste, aussi verd, à mon âge caduc,
Que Basque, mon coureur, prodige de vîtesse.

TOINETTE.

Mais quel nom sans pareil distingue Votre Altesse?

FRONTIN.

Déjà sous Chilpéric mon superbe écusson...

TOINETTE.

Je n'entends ni l'hébreu, Monsieur, ni le blason.

FRONTIN.

Je porte au champ de gueule...

TOINETTE.

     Encor des armoiries!
Mondaines vanités, fadaises, niaiseries!
Et vous pourriez chez vous, mieux que sur nos
  palliers,
Armer de pied en cap vos nobles Chevaliers.

FRONTIN.

Lusignan vous dira que depuis la Croisade
J'ai...

TOINETTE.

Vous avez, Monſieur, trop bu d'une raſade,
Pardon ſi je m'échappe au point d'enluminer
Votre chef en déſordre , à bien l'examiner :
Mais la Croiſade ici n'a pas grand-choſe à faire ,
Laiſſez vos Paladins , abrégez autre affaire ;
Votre nom, quel eſt-il ?

FRONTIN.

Un Grec...

TOINETTE.

C'eſt un butor.

FRONTIN.

Un Latin prouvera que je deſcends d'Hector
En ligne...

TOINETTE.

Peu me chaut qu'il vous faſſe deſcendre
De Pierre ou de Porus, de Jacque ou d'Alexandre ;
Œuvres du même outil Monarque & Bûcheron
Côte à côte , tous deux , voguent ſur l'Achéron.
Foin de votre lignage , il n'eſt que fantaſtique ;
Déclinez votre nom , d'une bouche emphatique ;
Parlez , ou je décampe. (*Gaſpard paroît.*)

SCENE TROISIEME.

GASPARD, FRONTIN, TOINETTE.

FRONTIN.

En femme de la Cour
Annoncez, dignement, le Baron Darmancour.

GASPARD.

Quoi ! l'oncle de Lénos !

TOINETTE.

Et sur ma garantie,
Prônez...

GASPARD.

Retire-toi.

TOINETTE.

Prônez sa modestie ;
C'est un Seigneur d'élite, il a des écussons !
Mais pour moins d'un denier il vendroit ses blasons.

SCENE QUATRIEME.

GASPARD, FRONTIN.

GASPARD,

Saurai-je quel sujet?

FRONTIN.

     Oui, Monsieur, vingt Gazettes
Sont de mes fiers exploits les publiques trompettes.

GASPARD.

Pourriez-vous m'informer ?...

FRONTIN.

      C'est-là, c'est au grand jour
Qu'on voit tous les travaux d'Hercule Darmancour.

GASPARD.

D'où me vient aujourd'hui l'honneur de sa visite?

FRONTIN.

Me la rendre est un soin , Monsieur , dont je vous
    quitte.

GASPARD (*à part*).

Que de morgue !

           FRONTIN.

FRONTIN.

On achete, on prise vos bazins ;
Je le sais d'un Marquis, pilier de magasins ;
Pour moi je passe au Louvre avec ma Bradamante
Les momens qu'à huis clos nous réserve une amante.
Mon neveu, ce muguet, que vous choyez ici,
Qu'est-ce ? un vaurien, Monsieur, dont je n'ai
      que souci :
Il pense m'échapper, il rode à l'heure indue,
Il pourchasse Isabelle en ses lacs attendue ;
Il parle d'alliance, il tente vainement
De forcer mon aveu par un enlévement.

GASPARD.

Vous savez...

FRONTIN.

Moi souffrir qu'il aille à l'aventure
En Pays de scandale embarquer sa future,
Que sans nulle vergogne un pareil libertin
Consomme un mariage, ou faux, ou clandestin !
Non ; je veux qu'il s'accouple avec la dame illustre,
Orgueilleuse d'un lit entouré d'un balustre :
Je soutiendrai mes droits ; je vous déclare net
Que je suis son tuteur, son oncle & son valet.

GASPARD.

Vous plaît-il m'écouter ?

E

FRONTIN.

Qu'auriez-vous à m'apprendre ?

GASPARD.

Croyez qu'à vos defirs je fuis prêt à me rendre.

FRONTIN.

Dois-je compter fur vous ?

GASPARD.

Je dis, fans vanité,
Qu'à la Bourfe on connoît Gafpard, fa probité.

FRONTIN.

D'accord ; mais parlez-moi fans feinte, avec
        droiture,
Que fait ici mon drôle, en perfonne, en peinture ?

GASPARD.

A l'égard du neveu qui caufe votre ennui,
Hé, Monfieur, commandez & difpofez de lui.

FRONTIN.

Le puis-je, quand votre ordre au comptoir le
        rappelle !

GASPARD.

Son abfence irritoit le penchant d'Ifabelle.

FRONTIN.

Et vous flattez le Sire, objet de fon amour !

GASPARD.

J'espere avec le temps l'écarter sans retour.

FRONTIN.

Mais qui vous répondra qu'il ne dresse une embuche
Où prise, tout-à-coup, la jeune enfant trébuche?

GASPAHD.

S'il est traître, Monsieur...

FRONTIN.

J'ai beau vous l'inculquer!

GASPARD.

Je ne l'appelle ici que pour le démasquer.

FRONTIN.

Montrer à tel matois votre fille au bel âge,
C'est pour sauver l'oiseau mettre un chat dans la cage.
Tenez, Monsieur Gaspard, n'ayons jamais recours
Au baragouin Normand, au captieux discours;
Parlons à cœur ouvert. Dès que l'on tergiverse,
Qu'on enfile, avec moi, des chemins de traverse,
Qu'on mitonne un Seigneur, qu'on semble dépriser,
C'est par secrets motifs qu'on veut me déguiser.

GASPARD.

Je ne déguise point, j'abhorre la feintise.

FRONTIN.

Vous seul de mon pupille excitez la sottise :
Jaloux d'un noble hymen , déjà vous présumez
En voir dans vos festins les brandons allumés !

GASPARD.

Moi prétendre...

FRONTIN.

A Lénos !

GASPARD.

Moi songer...

FRONTIN.

Rêverie !
Signez-vous au contrat quand Lénos se marie ?
D'ailleurs, examinez , point de prévention ;
Croyez-vous faire en lui belle acquisition ?
C'est un double coquin , vous dis-je.

GASPARD.

Hé , j'y renonce !

FRONTIN.

Chez vous le Sycophante ingénûment s'annonce,
Mais qu'il ose y rentrer ! L'on m'en avertira,
Et de son escapade il se repentira.

GASPARD.

Soit, coffrez-le !

FRONTIN.

Qu'il rompe avec sa Dulcinée !
S'il persiste à m'offrir niece emmagasinée,
Il n'est point mon neveu ; le cachet de la Cour
L'enverra soupirer au château Darmancour.

(*Il s'en va.*)

GASPARD.

Hé ! Monsieur, que sur l'heure un bon vent
l'y transporte !
J'irois de vos prisons lui verrouiller la porte !

FRONTIN (*revenant*).

Dans ma geole, à l'étroit, sans lit, sans réconfort,
Misérable, il battra sa tête aux murs du fort ;
Sous mes remparts croulans qu'il gisse, ou se ravise !
Pense-t-il à votre aulne enlacer ma devise ?

GASPARD.

L'enviai-je ? hé ! parbleu, gardez-la !

FRONTIN.

Serviteur.
Que mon éleve ingrat cede à son directeur ;
Qu'il laisse à vos Courtiers sa Fée enchanteresse,
Sinon ma dextre main du bâton le caresse.

E iij

SCENE CINQUIEME.

GASPARD.

QUEL homme ! un Capitan ! pour être supposé,
Cet oncle à son neveu paroît trop opposé !
Hé ! Monsieur le Baron, châtiez vos pupilles,
Écartez-les d'ici, nous voilà plus tranquilles,
Enfermez-les si bien que pour les élargir
Leurs amis les plus chauds soient rebutés d'agir.

SCENE SIXIEME.

GASPARD, ISABELLE, TOINETTE.

ISABELLE.

TOINETTE, il est parti !

TOINETTE.

                      S'il a quitté la place
C'est pour aller vantant sa bravoure & sa race.

ISABELLE.

Il s'éloigne, il me suit ; qu'il me cause d'effroi !

TOINETTE.

C'est en vain que Lénos nous a juré sa foi.

GASPARD.

L'instant où par mes soins il t'a revu, ma fille,
Nous dérobe l'espoir d'entrer dans sa famille.

ISABELLE.

Est-il vrai ?

GASPARD.

Darmancour, enflammé de courroux,
Chasse, en dépit de moi, loin d'ici, ton époux.

ISABELLE.

Qu'entends-je ?

TOINETTE.

Un dur arrêt !

GASPARD.

Console ta Maîtresse.

TOINETTE.

J'ai dix moyens pour un d'adoucir sa détresse.

GASPARD.

Que je te plains, ma chere ! un Démon te poursuit !
Tout rioit à nos vœux, juge ce qu'il s'ensuit !
Lorsqu'on voit de ces coups, mortels, inévitables,
On verse,

(à part.)
Assez gaîment,

(haut.)
Des larmes véritables.

E iv

SCENE SEPTIEME.

ISABELLE, TOINETTE.

ISABELLE.

QUE de maux !

TOINETTE.

A souffrir, sans changer de couleur !

ISABELLE.

Perdre un pareil mari !

TOINETTE.

Beau sujet de douleur !

ISABELLE.

Prête-moi tes secours, rappelle mon courage.

TOINETTE.

Est-il si mal-aisé d'en avoir à votre âge ?

ISABELLE.

Pour calmer les tourmens qu'il me faut éprouver,
Je cherche ma raison, sans pouvoir la trouver.

TOINETTE.

C'est qu'au moindre chagrin la raison vous échappe ;

Mais ne vous lassez point , courez , on la ratrappe.

I S A B E L L E.

Renoncer à l'époux qui m'étoit destiné !

T O I N E T T E.

Eh bien , louange au sort contre vous obstiné !
J'ai lu derniérement la maxime suivante,
Gentille invention d'une plume savante :
» Tel mets , perfide au goût, à l'œil paroît exquis ;
» D'abord on s'affriande à tâter d'un Marquis :
» Mais avec lui Florise , à peine emménagée,
» Renifle au chicotin qu'il mêle à sa dragée ,
» Traite d'empoisonneur le mielleux verd-galant
» Qui donne à Messaline un souper régalant «.
Après cela jugeons ! c'est vous que j'apostrophe !
Votre hymen est rompu, l'heureuse catastrophe !

I S A B E L L E.

J'ai dû craindre l'instant qui flattoit mes desirs ,
Si l'autre qui le suit comble mes déplaisirs :
Comment ! tout prospéroit au gré de mon attente ;
Je revoyois Lénos , je vivois plus contente :
Mon pere , avec douceur , alloit nous engager,
Et cet oncle farouche...

T O I N E T T E.

    A quoi sert d'y songer?
Le mal est sans remede : affrontons la tempête.

Si Jupiter tonnant vient nous fendre la tête,
Et si contre l'amour il faut ici lutter,
S'il est fort, nous avons du nerf pour le dompter.
Allons, point de mollesse, un coup ferme.

ISABELLE.

Ah! Toinette!
Si tu connoissois mieux l'amant que je regrette...

TOINETTE.

Lui! que vous semble-t-il? un Berger du Lignon!
Il se peut qu'il en ait le corsage mignon;
Mais pour le cœur, néant.

ISABELLE.

Tu crois la calomnie,
Terrible d'autant plus qu'elle reste impunie.

TOINETTE.

Voilà de ses discours! C'est un fort beau parleur,
Un favori du sexe, un renard cajoleur;
La prude s'y fieroit! & le drôle, sous cape,
Guete un minois, le suit, tend ses rets, vous le hape.

ISABELLE.

Tu penses que Lénos...

TOINETTE.

D'où vient le regretter?

Robert, plutôt que lui, saura vous mériter.

ISABELLE.

Ah ! qu'il doit me haïr !

TOINETTE.

           Non, il vous idolâtre ;
J'ai vu sur son bureau votre figure en plâtre,
Et distrait au calcul le garçon langoureux
Vous regarde & soupire : ah ! c'est un amoureux,
Celui-là ! son pareil n'est pas dans la Nature !
Quel mari ! Quel Pérou pour la manufacture !
Aux épouseurs titrés, préférons un parti
Qui soit à notre état sagement assorti.
Oubliez-moi Lénos.

ISABELLE.

Je ne puis.

TOINETTE.

           Je devine
Que votre bon Génie à Robert vous destine ;
C'est lui qu'il faut choisir : c'est d'une belle main
Qu'il attend son bonheur, & le vôtre est certain.

(Robert s'avance à pas lents.)

SCENE HUITIEME.

ROBERT, ISABELLE, TOINETTE.

TOINETTE.

ENTREZ, entrez, Monsieur.

ROBERT (*bas à Toinette*).

Ai-je quelque espérance?

TOINETTE (*bas à Robert*).

Eh oui! point l'air dolent, parlez en assurance.

ROBERT.

Timide & peu discret, je ne m'offre à vos yeux
Que pour les attrister, leur paroître ennuyeux.
Un amant, au rebut, qui plaint son infortune,
Rend à l'objet chéri sa présence importune,
Et je vais. . .

ISABELLE.

Demeurez : je me souviens toujours
Que vous eûtes jadis mes naissantes amours.

TOINETTE.

Vous l'entendez, Monsieur!

ISABELLE.

Les vôtres doivent plaire.

TOINETTE.

Aussi leur gardez-vous un juste & bon salaire!

ISABELLE.

J'éprouve, à votre aspect, un trouble, un mou-
vement
Qu'on ne peut exprimer que bien confusément.
Peut-être qu'entre nous il est des sympathies...

TOINETTE.

Qu'on ne verra jamais par le temps démenties!

ISABELLE.

Peut-être devez-vous, Robert, à l'avenir
Rester sous d'heureux traits peint dans mon sou-
venir;
Et si mon inconstance...

TOINETTE.

Halte-là; je pronon..
Que votre petit cœur n'est point tel qu'il s'annonce,
Que l'on tourne à votre âge en folle passion
L'amour qui n'est souvent que pure illusion.
Ergò, Monsieur, la paix; n'allez point, par outrance,
Nous chicaner ici sur le mot d'inconstance.

ROBERT.

Toinette cherche en vain, pour mon soulagement,

Quelque apparente excuse à votre changement.
Plus raffiné que moi dans la galanterie,
Un autre vous amorce avec sa flatterie ;
Vous répugnez aux nœuds qui devoient nous unir,
Mais craignez que le Ciel n'aille vous en punir :
Sachez que mon rival, pervers avec adresse,
Enveloppe de fleurs les piéges qu'il vous dresse.

ISABELLE.

Si j'ai pu vous tromper, hélas ! c'est à regret ;
Lorsqu'on est si perfide, on s'accuse en secret.

TOINETTE.

A l'instant, convenez, envers vous moins rigide,
Vous n'étiez que volage, & vous voilà perfide !
Votre état, si perplex, interloque, confond !
Tenez, Mademoiselle, épluchez-vous à fond,
Scrutez l'intérieur ; vous m'avoûrez, sans feinte,
Qu'en soi-même on se perd comme en un laby-
    rinthe.
Pouvez - vous concevoir par quels charmes
    nouveaux,
Par quels phyltres Lénos enivre les cerveaux ?

ROBERT.

Après sa tentative & sa coupable audace,
Le traître en votre cœur conserve encor sa place !

ISABELLE.

Qu'ai-je à lui reprocher ?

ROBERT.

Rien ! un rapt, seulement !

TOINETTE.

C'est un petit écart qu'on pardonne aisément !
Faut-il, comme un oison, planter le pied de grue
Aux portes des Agnès ? Fi ! méthode incongrue !
Vîte, assiégez le mur, escaladez presto,
Ravissez-moi la Belle, & partez subitò.

ROBERT.

Que la jeunesse est prompte à se laisser séduire !
Croyez-vous qu'au Notaire on allât vous conduire ?

ISABELLE.

Où donc ?

TOINETTE.

En Tartarie !

ROBERT.

En des Pays perdus,
Ouverts, de toutes parts, aux plaisirs défendus.

TOINETTE.

Séjour d'horreur, de peste & de libertinage,
L'hymen en fut banni par le concubinage.

ROBERT.

Admirez le refuge où Lénos suborneur

Délaissa Léonor pleurant son déshonneur.

ISABELLE.

Ah! Robert! osez-vous le soupçonner d'un crime,
Quand mon pere l'accueille & lui rend son estime?

ROBERT.

Gaspard me trahiroit!

ISABELLE.

Tout-à-l'heure, au moment,
Il alloit de ma foi signer l'engagement.

ROBERT.

Lénos seroit l'époux…

TOINETTE.

Adieu, notre hyménée,
Il est fait & défait dans la même journée;
Voici la veuve en deuil : le mari déserteur
Craint d'approcher ces lieux d'où l'exclut son tuteur.

ROBERT (à part).

Je respire.

TOINETTE.

Jamais pourra-t-il y paroître?
Ce tuteur furibond s'annonce & parle en maître!
L'entends-je pas?

ROBERT (à demi-voix).

Lénos! Ah Toinette! Ah Gaspard!

SCENE

SCENE NEUVIEME.

LENOS, ISABELLE, TOINETTE.

ISABELLE.

C'est vous!

LÉNOS.

Toujours Robert me voit d'un œil hagard,
Mais si vous m'accordez sur lui la préférence,
Vous jugez entre nous quelle est la différence!

TOINETTE.

Extrême! on en convient!

LÉNOS.

Au reste, il doit priser,
Applaudir votre cœur qu'on ne peut diviser.
Mais laissons un rival, son chagrin vous tourmente!
N'écouteriez-vous pas Robert qui se lamente?
Laissons un libre cours à ses pleurs passagers ;
Songeons que tels Messieurs sont des amans légers.
L'oncle! qu'en dites-vous ?

ISABELLE.

Oh! très-vain !

*F

Lénos.

C'est dommage !

Isabelle.

Du Maréchal de France il exige l'hommage !

Lénos.

Si jeune il commandoit qu'il a tout lieu, dit-on,
D'espérer, vieux Soldat, les honneurs du Bâton.

Isabelle.

Il nous faut désormais...

Lénos.

Suivre au loin ses brigades,
Soumettre à ses Pandours & Villes & Bourgades !

Isabelle.

Il n'est plus temps ; il faut...

Lénos.

Monter son palefroi,
Porter jusqu'en Turquie & sa gloire & l'effroi.

Isabelle.

Il est trop tard, vous dis-je.

Lénos.

Armons notre talpache ;
Au bras du Janissaire opposons sa rondache ;

Flattons-le, il est à nous : d'un tour adulateur,
Je gagne l'ennemi, j'en fais mon protecteur.

ISABELLE.

Nul moyen, plus d'espoir.

LÉNOS.

   Bientôt il va renaître,
Craignez moins le Baron, j'appris à le connaître.
Mon oncle eut pour aïeul un nouvel Artaban,
Dont la fierté passoit le cedre du Liban ;
L'aïeul l'endoctrina, l'éduqua, Dieu sait comme,
Empluma son chapeau, n'en fit qu'un Gentilhomme ;
Ignare au dernier point, s'il ne lit que bouquins
Barbouillés de cimiers, de pals, de lambrequins,
Ne parlons avec lui que Grandesse ou Pairie,
Rhabillons Don Quichotte & la Chevalerie.

TOINETTE.

Errante !

ISABELLE.

Écoutez-moi.

LÉNOS.

   Fouillons le Chroniqueur ;
Sachons quel Darmancour aux tournois fut vain-
  queur,
Quel autre disputa l'épée au Connétable.

ISABELLE.

Celui-ci n'est-il pas cent fois plus redoutable ?

TOINETTE.

Je vois, pour l'appaiser, maints projets bien conçus ;
Je garantis, Monsieur, qu'ils seront mal reçus :
L'oncle est récalcitrant !

LÉNOS.

Il souleve un orage !

ISABELLE.

Oui, sans daigner me voir, il rompt le mariage.

LÉNOS.

Juste Ciel !

ISABELLE.

Contre vous le tuteur déchaîné
Donne, avec grand fracas, l'ordre qui m'a peiné ;
Il vous chasse d'ici.

TOINETTE.

Le Pandour se mutine !

ISABELLE.

Je ne suis point l'objet que son choix vous destine.

LÉNOS.

Vous m'étonnez ! Lui-même il m'a dit à l'instant :

Rompez , rompez, Monſieur, un hymen éclatant ;
Je ſuis las des refus que votre moquerie
Fait de mon Amazone aux lances aгúerrie ;
Décidez votre ſort , ſecouez mon pouvoir ;
Qu'un autre vous dirige, & ſonge à vous pourvoir !
Je me plais à l'entendre ; & quand , par politeſſe,
Je l'eſquive au quart d'heure où le joint ſa Comteſſe,
Je revole à l'objet dont je crus m'emparer,
J'apprends que pour jamais il ſaut m'en ſéparer !

TOINETTE.

Quel martyre !

ISABELLE.

Oh ! votre oncle eſt homme à double face
Dont l'une vous flagorne & l'autre vous menace.

LÉNOS.

J'aurai mon Iſabelle , à moins que ſans pitié
Le reître ne m'immole à ſon inimitié.

SCENE DIXIEME.

ISABELLE, TOINETTE.

ISABELLE.

De Charybde en Scylla Darmancour le balotte !

TOINETTE.

N'avez-vous pas grand-peur qu'il ne fasse calotte ?

ISABELLE.

Rien ne semble propice & rien n'est foudroyant !

TOINETTE.

Or donc, un œil joyeux & l'autre larmoyant.

ISABELLE.

L'hymen reste en balance !

TOINETTE.

              Un mot, veuillez permettre ;
Aux Calendes des Grecs, c'est partie à remettre.

ACTE QUATRIEME.

SCENE PREMIERE.

DARMANCOUR (*en uniforme*), GASPARD.

DARMANCOUR.

Monsieur Gaspard ?

GASPARD.

C'est moi.

DARMANCOUR.

Je vous fuis adreffé
Pour un habit complet dont je me vois preffé.

GASPARD.

Toinette, holà.

SCENE SECONDE.

DARMANCOUR, GASPARD, TOINETTE.

TOINETTE.

J'y cours.

GASPARD.

                Il faut que je dépêche
Des lettres pour Elbeuf.

TOINETTE.

                Rien ne vous en empêche,
Je vous remplace ici.

GASPARD.

                Travaille, & lestement,
A revêtir Monsieur d'un bon ajustement.

SCENE TROISIEME.

DARMANCOUR, TOINETTE.

TOINETTE.

QUEL drap, quelle couleur? la voulez-vous
    brillante?

DARMANCOUR.

Au contraire, modeste.

TOINETTE.

        Elle en est plus saillante,
Je vous en applaudis : Poëtes & Guerriers
Sont assez bien vêtus tout couverts de lauriers ;
Il leur faut néanmoins quelque autre garniture :
Je vous ménage un drap, choisissez la teinture,
Grise ou brune, écarlate, à votre goût.

DARMANCOUR.

            Maron.

TOINETTE.

L'habit dont gentiment Pathelin fut larron ;
La couleur moins foncée, un tant soit peu plus
    claire ;
Enfin je vois, Monsieur, ce qui pourra vous plaire.
Votre adresse ?

DARMANCOUR.

    A Chaillot.

TOINETTE.

        Votre nom.

DARMANCOUR.

          Darmancour.

TOINETTE.

Darmancour !

DARMANCOUR.

Un Baron, que n'a point vu la Cour.

TOINETTE.

Vous, Baron Darmancour !

DARMANCOUR.

D'où naît tant de surprise ?

TOINETTE.

Oh oui ! nous aurons fait quelque rude méprise !
Paré de votre nom, un brave, un affronteur,
Vient se quarrer ici.

DARMANCOUR.

C'est un vil imposteur,
Un de ces intrigans dont le monde fourmille ;
Croyez, je porte seul le nom de ma famille,
Mes proches ne sont plus, tous je les enterrai,
Il ne m'en reste qu'un, que je retrouverai,
Aussi noir que la taupe, ingrat plus que vipere,
Et j'en fus dupe assez pour lui servir de pere ;
Mais ce Baron, sans doute échappé du tréteau,
Ce Farceur fait chez vous quelque rôle à manteau !

TOINETTE.

Il vante ses aïeux.

DARMANCOUR.

Le gredin !

TOINETTE.

         Justifie
Seize ou dix-sept quartiers dont il se glorifie.

DARMANCOUR.

Le maroufle qu'il est !

TOINETTE.

        Écrase d'un regard
Son pupille alléché par l'enfant de Gaspard,
Son Marquis...

DARMANCOUR.

      Faux Marquis, pupille imaginaire,
Empruntant pour tuteur un Baron mercenaire,
Un drôle mal noté, sans état, sans aveu.

TOINETTE.

Comme oncle il parle ferme à Lénos.

DARMANCOUR.

           Mon neveu !

TOINETTE.

Lui ! (*une pause*).

DARMANCOUR.

Je le reconnois & je le désavoue ;

Cet oncle, ce maraud, le dégrade, vous joue,
M'infulte, & mes coquins, tous deux bien concertés,
Verront, à leurs périls, leurs projets avortés.
Qu'alloit faire Gaspard ?

TOINETTE.

           Une lourde bévue !
Sans vous fon Ifabelle étoit fort mal pourvue !
Le Darmancour d'emprunt ofoit gaillardement
Donner au mariage un plein confentement ;
On ftipuloit la dot, la femme étoit acquife,
Au Marquis un fauffaire adjugeoit la Marquife !

DARMANCOUR.

Ce perfide Lénos, des Lucrèces Prôneur,
N'étoit, tout jeune encor, qu'un maître fuborneur.

TOINETTE.

Jugez donc comme, à l'âge où l'on eft moins novice,
Il a dû s'avancer dans le chemin du vice !

DARMANCOUR.

L'attendez-vous céans ?

TOINETTE.

          Et d'un contrat muni !

DARMANCOUR.

Avant de le figner, il en fera puni !
Le miférable ! il va, pour tenter ma défaite,

User de synderese étrange, contrefaite !
De pareils scélérats n'ont ni cœur ni parens,
Et de leurs peres même ils se font des tyrans.
Je devois à propos, loin de ma résidence,
Descendre en ce logis, grace à la Providence,
Pour arracher le masque au traître velouté
Que j'aurois mieux connu l'ayant moins écouté ;
Bientôt je vous le coffre, & de la bonne sorte :
Motus sur mon retour, je prête ici main-forte.

SCENE QUATRIEME.

TOINETTE.

Le Ciel, dans nos faux pas, nous gardoit un
support !
Je bénis le vaisseau qui nous ramene au port
Ce digne Gentilhomme, & sans ma découverte,
Isabelle & Gaspard alloient droit à leur perte !
L'un & l'autre aveuglés… les voici, cachons tout,
Laissons nos malfaiteurs intriguer jusqu'au bout.

SCENE CINQUIEME.

GASPARD, ISABELLE, TOINETTE.

ISABELLE.

Félicitez-moi donc : Lénos, par deux messages,
M'avertit d'écarter tous les mauvais présages ;
Qu'il machine un projet, qu'il fabrique un ressort
Dont le jeu surprenant fera tourner le sort ;
Qu'il nous lutine en vain ; que l'oncle plus traitable
Va nous prêter sur l'heure un appui charitable.

TOINETTE.

L'oncle ! je le connois, & non point à demi !
Quel homme ! un Grenadier dans son poste affermi !

ISABELLE.

On pourra l'ébranler !

TOINETTE.

J'en doute !

ISABELLE.

     Et moi j'espere
Qu'en lui je trouverai des sentimens de pere :
On remûra son cœur.

TOINETTE.

    Qu'en dit Monsieur Gaspard ?

Qu'avec la coulevrine on ébranle un rempart ;
Mais qu'à des escadrons un Darmancour résiste,
Et que dans ses desseins toujours ferme il persiste.

GASPARD.

Oui ; mais que son Lénos tente un dernier effort,
Qu'il se pâme! au plus foible on voit céder le fort.

ISABELLE.

Comptons sur le tuteur.

TOINETTE.

     Le neveu qu'il gouverne
Allât-il vous cacher au fond d'une caverne,
Le Baron, s'y jettant avec précaution,
Forceroit les conjoints à séparation.
Vous coîffer d'un Lénos! c'est trop vous faire injure!
Qui ne mépriseroit un homme aussi parjure ?

GASPARD.

Hé non ; je suis garant qu'il doit, fidele époux,
N'exciter nul ombrage, aucun soupçon jaloux.

ISABELLE.

Écoute !

GASPARD.

    Je réponds, sans égard à Toinette,
Que son amour est pur comme son ame est nette;

ISABELLE.

Entends-tu !

GASPARD.

Croira-t-on que, confit en douceurs,
Il ait raffiné l'art de blanchir des noirceurs?
Prendroit-il pour exemple un Marquis de ruelles,
Dont le soupir bannal gagne les plus cruelles?
Iroit-il sur Philis glisser son œil benin,
Et, semblable à l'aspic, lui sucrer son venin?

ISABELLE.

Te voilà bien confuse !

GASPARD.

Oh, réduite à se taire !

TOINETTE.

Quelle épouse ! on verra ! je casse le Notaire,
Je veux que sur le corps on lui sangle un décret;
Je dis... non pas... motus... je dis... c'est
     un secret,
Qu'on doit incessamment, par Sentence rendue,
Écrouer le futur, loin de sa prétendue.

SCENE

SCENE SIXIEME.

FRONTIN, LÉNOS, GASPARD, ISABELLE, TOINETTE.

FRONTIN (*à l'entrée de la coulisse, saisit Lénos au collet*).

Ah! traître! te voilà.

LÉNOS (*bas*).

Tu m'étrangles!

FRONTIN.

Poursuis;
Je t'apprendrai, faquin, d'où je sors, qui je suis.

TOINETTE (*à part*).

La rixe sera chaude!

LÉNOS.

Est-ce ainsi qu'on m'abuse?

FRONTIN.

Tu te crois un fin merle, & tu n'es qu'une buse.
Pardon Monsieur Gaspard; j'ai le verbe un peu haut:
Mais avec tel Seigneur, je prends le ton qu'il faut.

G

GASPARD.

Ne pourrai-je calmer ?...

FRONTIN.

J'ai, là, ton ordre en poche ;
Pars pour ma forteresse.

ISABELLE.

Ah! Dieux !

FRONTIN.

Oui, par le coche ;
Avec toi mon Exempt, qui n'est point trop manchot,
T'appréhende au collet & te flanque au cachot.
Pardon Monsieur Gaspard ; mais dans tout mon
          volume,
Je ne suis que brasier quand ma bile s'allume.

ISABELLE.

Ne pourrai-je adoucir ?...

FRONTIN.

Tremble, ou fais ton devoir ;
Ta regle, c'est ma loi, songe à la recevoir.
Me préparer ta noce où se vend la ratine !
Moi, je garde ton lit pour la fiere Aiglantine,
Fille d'Almagnabach, Prince en petits États ;
Mais son Ambassadeur l'égale aux Potentats.

TOINETTE.

Comment ! avec dédain repousser telle Infante,
Déprimer sa vertu des échecs triomphante,
Faire, aux yeux de l'Europe, affront à sa beauté,
Donner un tel déboire à la Principauté;
C'est un crime...

FRONTIN.

Inoui ! la future, quel buste !
Quatre membres musclés, la charpente robuste,
L'œil d'aigle, le nez haut, le geste impératif,
Le cœur noble, mais dur, l'esprit fort, mais rétif,
Le plus vaste apanage; allez courir l'Autriche,
Vous n'en trouverez point d'aussi gras, d'aussi riche:
Abondance par-tout, bétail, gibier, poisson,
La cave manque au vin, la grange à la moisson,
Le coffre aux rouleaux d'or.

TOINETTE.

Peste ! quelle héritiere !

FRONTIN.

Pas le moindre anicroche en sa fortune entiere.

LÉNOS.

Suis je affamé d'or? qu'est-ce? un métal corrupteur,
Un méchant conseiller, du vice instigateur;
Dites! L'Inde, en saphyrs, en perles si féconde,

Les diamans, par tas, aux mines de Golconde,
Valent-ils un souris que ma Divinité ?...

FRONTIN.

Nul commerce avec elle, aucune affinité.

LÉNOS (*larmoyant*).

La perdre ! c'est pour moi de tous les maux le pire !
Considérez, Monsieur, qu'il faudra que j'expire,
Que vous-même, à regret, vous ouvrez mon
            tombeau ;
La terre engloutira votre espoir le plus beau.

ISABELLE (*un mouchoir en main, essuyant ses
            larmes*).

Verriez-vous d'un œil sec la mort prématurée
D'un neveu?...

TOINETTE.

            Lui mourir ! frayeur aventurée !
Pour le trajet du Styx feroit-il son balot
Au moment où peut-être un Royaume est son lot ?

FRONTIN.

Briser par sol amour les sceptres qu'on envie,
Que l'on rencontre à peine une fois dans la vie !

TOINETTE.

Abdiquer la couronne !

FRONTIN.

> Un si digne ornement
> Siéroit-il sur le front d'un pareil garnement ?
> Je m'en rapporte à vous, Monsieur Gaspard.

GASPARD.

> Je pense
> Qu'on aspire aux honneurs que l'Autriche dispense;
> Que pour votre Lénos voilà rang souverain,
> Femme avec un cœur dur, mais point garni d'airain;
> Et qu'à d'autres égards, sa dot, maintes richesses,
> Les Duchés valent bien qu'on s'attache aux
> Duchesses,
> Mais avec le neveu signalez vos débats,
> Vous êtes brave, vous ; moi , je fuis les combats.

LÉNOS.

Mon cher oncle...

FRONTIN.

Silence.

LÉNOS.

> Écoutez, sans colere...

FRONTIN.

Dis-moi ? m'as-tu payé pour te servir de pere ?

LÉNOS.

Si vous l'êtes...

FRONTIN.

Tais-toi ; cede à mes volontés ;
Fais mieux, je m'attendris, réponds à mes bontés :
Songe qu'à ton berceau je veillois sans relâche,
J'aimois en ton Ecole à t'abréger la tâche ;
Aujourd'hui que mon cœur s'occupe à te pourvoir,
Tu rebutes mes soins, tu nargues mon pouvoir !
Va, cherche loin d'ici des tuteurs imbécilles,
Complaisans, atitrés, valets de leurs pupilles ;
Pour moi, je suis le maître, entends-tu ? dès demain
Que l'on parte avec moi pour le Pays Germain.

LÉNOS.

M'arracher de ces lieux !

TOINETTE.

Là haut, pas un nuage,
Observez ; le beau temps pour se mettte en voyage !

ISABELLE.

Je pleure & tu peux rire !

TOINETTE.

Hé, sauvez le Marquis,
Décidez-le aux apprêts pour le départ requis ;

Qu'aux ordres du Baron sans gêne il se conforme ;
Qu'il poursuive Aiglantine , & qu'il contracte
en forme !

FRONTIN.

Veux-tu voir d'un tein frais l'albâtre & l'incarnat ?

LÉNOS.

Le vois-je pas ici ? (*montrant Isabelle.*)

FRONTIN.

Cours au Palatinat ;
Le sept du présent mois j'entre en la Capitale :
Je vous laisse à juger les fêtes qu'on m'étale !

TOINETTE.

Paroissez ; aussi-tôt marche la garnison.

FRONTIN.

L'éclair du canonnier traverse l'horison.

TOINETTE.

La Ville étincelante offre un bel incendie ;
Et pour la mariée , aux foudres enhardie ,
A minuit , feu grégeois , grand jour artificiel ,
Un bouquet de salpêtre éclatant jusqu'au ciel.

FRONTIN.

Au milieu des clairons , des sifres , des cimbales ,

G iv

Des concerts guerriers, des tambours, des timbales,
Parmi tout ce fracas qui d'un lâche fuyard
Feroit dans la mêlée un Achille, un Bayard,
Ton beau-pere s'avance, il s'incline, il proteste
Que ta Princesse est neuve, en tout point, sans
         conteste ;
On signe le contrat, & sur l'événement
L'Académie, en bloc, m'allonge un compliment :
L'Echanson vient, annonce un banquet délectable,
Auprès d'Almagnabach je m'assieds à sa table.

(Il fait un mouvement comme pour s'asseoir, il glisse ; Lénos accourt, & lui approche un fauteuil.)

LÉNOS.

N'êtes-vous point blessé ?

FRONTIN *(s'asséïant)*.

                    Veux-tu ma guérison ?
Veux-tu, mon cher Lénos, sortir de ta prison ?

ISABELLE *(à part)*.

Il s'appaise !

FRONTIN.

Rupture avec ton Isabelle.

LÉNOS.

Le puis-je ? voyez-la.

FRONTIN.

Je conviens qu'elle est belle.

ISABELLE.

Point du tout.

FRONTIN.

Sage.

ISABELLE.

Oh oui ! n'est-ce pas mon devoir ?
J'ai de l'honneur !

FRONTIN.

De reste !

ISABELLE.

On n'en peut trop avoir.

FRONTIN.

Fuyons l'excès.

ISABELLE.

Je sais, sans être fort subtile,
Qu'il n'est chose ici-bas qui nous soit plus utile :
On peut manquer de tout, dit un beau Raisonneur,
Mais on n'a rien perdu, quand on garde l'honneur.

FRONTIN.

J'avoûrai, mon neveu, que, franc de ma tutelle,

Tu ferois bien inftruit, bien gouverné par elle ;
Mais il faut l'oublier pour fuivre ton deftin :
Là bas j'ai fix Danois à mon char Palatin ;
Allons, cours t'allier au vieux Corps Germanique,
Et j'entre, avec éclat, dans l'Ordre Teutonique ;
Époufe une Excellence...

LÉNOS.

Oh ! je fuis révolté :
A de folles grandeurs vendre ma liberté ;

(*Frontin fe leve furieux.*)

Vouloir qu'à mes foupirs Ifabelle ravie,
J'immole à votre orgueil la moitié de ma vie ;
Me donner pour compagne à la fleur de mes ans,
Votre Iris décrépite à fourcils méprifans,
Sous le joug de l'hymen me courber en efclave,
Et je fupporterois...

FRONTIN.

Le perfide me brave !
Écoute, tiens, crois-moi, monftre, change de ton ;
Je commande, obéis, ou meurs fous le bâton.

(*Levant la canne.*)

ISABELLE.

Arrêtez.

TOINETTE.

Laiffez faire.

ISABELLE.

Arrêtez.

TOINETTE.

On badine !

ISABELLE.

Grace.

FRONTIN.

Qu'il vous renie, ou bien je l'extermine.

TOINETTE.

L'épitaphe au défunt.

LÉNOS.

Vous régleriez mon sort !

ISABELLE.

Ne l'irritez donc pas, ou craignez votre mort.

LÉNOS.

Vous n'êtes qu'un tyran.

FRONTIN.

Tu n'es qu'un misérable.

GASPARD (*les séparant*).

Hé, Messieurs, modérez...

FRONTIN.

> Va , je te donne au Diable ;
Lui rendre un scélérat , objet de mon courroux,
C'est lui faire un présent dont il est peu jaloux :
Va , je te déshérite.

LÉNOS.

A tort.

FRONTIN.

> Jamais n'espere
Avoir, de mon vivant, ton Fripier pour beau-pere :
Pardon, Monsieur Gaspard, dans la crise où je suis,
Je ne me connois plus , j'étouffe & je m'enfuis.

SCENE SEPTIEME.

LÉNOS, GASPARD, ISABELLE, TOINETTE.

ISABELLE.

Quel tuteur !

GASPARD.

Tu le vois !

TOINETTE.

> D'après cette morale

J'irois vîte épouser la Dame Électorale.

GASPARD.

J'ai vu des oncles durs avec leurs chers neveux,
Les secouer d'un bras qui me sembloit nerveux !
Mais votre Darmancour romproit celui d'Hercule!
A le voir on frémit, à l'entendre on recule !
Moi-même, en ma jeunesse, avec pareil tuteur,
Redressant mon jarret ferme comme un lutteur,
J'eusse, avec tout l'effort d'une ame vigoureuse,
Par un rapide assaut surpris mon amoureuse !

TOINETTE (*à part*).

Le voilà qui s'inferre !

LÉNOS.

Enfin je dois parler :
Malheur à qui pourroit long-temps dissimuler !
Las, excédé du poids d'une horrible tutelle,
Je tentois, cette nuit, d'enlever Isabelle.

ISABELLE.

Vous, Lénos!

LÉNOS.

Ravisseur, coupable, mais loyal,
J'espérois des soutiens dans le Conseil Royal ;
Sa justice accessible eut admis ma requête,
Mineur émancipé, j'assurois ma conquête ;

Votre enfant, mon idole, approchoit de l'autel
Où je lui confacrois un amour immortel,
Et plein de mon bonheur, d'une ivreffe extatique,
Des flammes que redouble un hymen fympathique,
J'allois du fier Baron rabaiffer les aïeux,
Préfenter hardiment mon époufe à fes yeux.
Ah! Lénos, que d'un rapt Gafpard lui-même accufe,
Dans la fougue de l'âge eût trouvé fon excufe :
J'aime.

G A S P A R D.

Voilà fon crime !

L É N O S.

                Et cet oncle inhumain
Penfe avoir un neveu pour trafiquer fa main,
La vendre en Germanie aux brigues qu'il emploie
A croifer des cordons qu'avec fafte il déploie !

G A S P A R D.

Pour l'en barioler faut-il, fans examen,
Aller à fon caprice afſervir votre hymen ?

L É N O S.

Non, mon cœur eft à moi, né libre, j'en difpofe,
Je me dérobe au joug que mon tyran m'impofe,
Je renverfe du pied fon tabouret en Cour,
J'incague Almagnabach, fa fille & Darmancour;
Qu'il me laiffe ! Ifabelle une fois obtenue,

J'ai tous les biens ; ils sont dans une ame ingénue.
Si l'oncle est sans pitié, vous, soyez généreux ;
J'arrange le contrat, signez, je suis heureux.

GASPARD (*à part*).

Je demeure interdit.

TOINETTE (*à part*).

Quel fourbe !

ISABELLE.

Eh bien, mon pere !

GASPARD.

Lénos m'étoit suspect, il me paroît sincere.

TOINETTE.

Sur l'aveu qu'il vous fait !

ISABELLE.

L'auroit-on soupçonné
D'un fol enlévement sans doute pardonné ?

TOINETTE (*à part*).

Pauvre fille !

GASPARD.

Ah ! Lénos ! on s'abuse à tout âge.

LÉNOS.

L'erreur n'est-elle pas notre commun partage ?

TOINETTE (*à part*).

Il a séduit Gaspard !

GASPARD.

Tel qu'on mésestimoit...

LÉNOS.

N'est pas, à beaucoup près, ce que l'on présumoit !

GASPARD.

Tel qu'on juge un Tartuffe, un perfide hypocrite...

LÉNOS.

Fait de la bonne foi sa vertu favorite !

GASPARD.

Combien je vous craignois ! j'ai pu vous accueillir ;
Mais quel fruit de ma ruse alliez-vous recueillir,
Quand frappé du soupçon le plus imaginaire,
Je vous croyois un oncle & faux & mercenaire ?

LÉNOS.

A moi !

GASPARD.

Je vous voyois, sans peur du Magistrat,
Avec ce Darmancour fabriquer un contrat,
Surprendre impunément mon paraphe & ma fille.

TOINETTE.

C'est à de pareils jeux que plus d'un Seigneur brille !

LÉNOS.

LÉNOS.

Que m'importe ! A Lénos il suffit désormais
Qu'avec son Isabelle il s'unisse à jamais ;
Terminons, cher Gaspard.

GASPARD.

Allons, soyez mon gendre.

TOINETTE.

Et le consentement de l'oncle?

GASPARD.

Il faut l'attendre.

LÉNOS.

Je cours, en furieux, l'arracher ou périr.

SCENE HUITIEME.

GASPARD, ISABELLE, TOINETTE.

TOINETTE.

GAGEONS que du combat il sort sans coup férir.

ISABELLE.

Il périroit! ah Dieux! dans quel trouble il me jette!
Sa résolution...

H

TOINETTE.

Au retour est sujette !
On hésite, on tâtonne avant de se tuer ;
On quitte un noir projet qu'on pense effectuer.
Rassurez-vous.

ISABELLE.

Craignons que sa main homicide....

GASPARD.

A s'épargner pour toi d'abord on le décide !
Quelque ami sous les yeux lui mettra ton portrait...

TOINETTE.

Et la Parque, à côté, perdra tout son attrait !

GASPARD.

Allons, ma chere enfant, le calme suit l'orage,
L'oncle va s'adoucir après avoir fait rage.

(Il sort, tenant sa fille dans ses bras. Toinette les
suit d'un œil de pitié.)

SCENE NEUVIEME.

TOINETTE.

Qui l'auroit cru, Gaspard ? toi, fin comme
  un Manceau,
Toi, barbon, te voilà pris par un jouvenceau !
Gagné par ton Lénos, trompé par son manege,
Il te semble, l'infâme ! aussi blanc que la neige ;
Tu l'adoptes pour gendre, & ta fille aux abois
S'en va cacher sa honte & ses pleurs dans les bois ;
Tu la plains, tu gémis ! treve à tes doléances,
J'aurois peine à laisser tes maux sans allégeances.
Tu verras Darmancour ! tu dois un grand-merci
A ce drap que le Ciel veut qu'il achete ici.

ACTE CINQUIEME.

SCENE PREMIERE.

GASPARD, ROBERT.

GASPARD.

QUE ne puis-je à souhait tourner mon Isabelle ?
Sa main seroit pour toi comme tes vœux pour elle.

ROBERT.

Ah ! Gaspard !

GASPARD.

Qu'as-tu donc ?

ROBERT.

      J'ai regret de savoir
Qu'aujourd'hui l'amitié n'est qu'un nom sans
   pouvoir.
Je ne m'étonne point que le flatteur à gage ,
L'aventurier de Cour me jure , en beau langage ,
Intime affection , fidele attachement ,
Et qu'il se fasse un jeu de trahir son serment ;
Mais l'homme que je vois, que j'aime & considere,

Auroit-il oublié qu'il doit être mon pere?
Croirai-je que votre ordre, à vous-même fatal,
Rappelle en ce logis mon indigne rival?
Vous, adopter Lénos!

GASPARD.

Je l'ai dû.

ROBERT.

C'est un traître.

GASPARD.

Ma fille eût, en ce cas, appris à le connaître;
Je voulois te servir, assurer ton bonheur:
Mais Lénos, j'en réponds, n'est point un suborneur.

ROBERT.

Qu'est-il donc?

GASPARD.

Amoureux, comme toi, simple & tendre,
Moins réservé, plus vif.

ROBERT.

Devois-je ici m'attendre
A me voir comparer avec ce garnement!
Vous l'avez donc absous de son enlévement!

GASPARD.

Il me l'a confessé, d'une voix repentante;

H iij

Et dans sa passion, pour son oncle insultante,
Il couroit, hors de lui, présenter sa moitié
A ce fier Palatin dont l'orgueil fait pitié.

ROBERT.

Vous semblez pour les Grands n'avoir qu'in-
    différence,
Et vous poussez fort loin pour eux la déférence ;
Vous approuvez, Monsieur, jusqu'aux rapts
    entrepris
Par un galant taré, de Justice repris.
Il vous falloit pour gendre un Seigneur méprisable,
En venins des plus noirs couleuvre inépuisable ;
Et je ne vous parais que l'obscur roturier,
Subalterne apprenti d'un Manufacturier.

GASPARD.

Je prise ton état, tes mœurs, ton caractere,
Ta loyauté si franche, & qu'aucun fard n'altere ;
Ma fille eût avec toi passé des jours plus doux
Qu'il n'en faut espérer du plus parfait époux.
Crois que sur ton rival ta victoire est prochaine,
Mon Isabelle encor peut rentrer dans ta chaîne.

ROBERT.

J'y compterois en vain ; Robert est en oubli ;
Votre Lénos chez vous n'est que trop établi.

GASPARD.

Son oncle Darmancour l'en chasse à coups d'épée.

ROBERT.

Darmancour! un Guerrier!

GASPARD.

Il eût vaincu Pompée!

ROBERT.

Raillez mes Almanachs; mais par nombre de gens
Je sais, de bonne part, qu'avec les Insurgens
Cet oncle est retranché: notre guerre l'écarte.

GASPARD.

En lieu pris dans ta tête, & non point sur la carte.

ROBERT.

Cet Officier, vous dis-je, en France distingué,
Depuis un fort long temps là bas est relégué.

GASPARD.

Imagination!

ROBERT.

Suis-je un visionnaire?

GASPARD.

Tu peux, tout comme un autre, avoir ton jour
lunaire!

ROBERT.

Pour mieux vous mettre au fait, je m'en vais promptement
Chercher à la Police un sûr renseignement.
L'oncle est gagé; Lénos trame avec lui ses frasques:
Les fourbes auront beau nous épaissir leurs masques,
On les perce à la fin ! Je vais y procéder ,
Et gens des plus retors à l'œuvre vont m'aider.

GASPARD.

Va, mon pauvre garçon, jamais de l'Amérique
Tu ne verras venir cet oncle chimérique.

SCENE SECONDE.

GASPARD.

Mon Robert extravague! où diantre a-t-il appris
Qu'un homme, en chair, en os , sous mes yeux, à Paris ,
Encore un pied chez moi, campe... sur quel rivage ?
Idéal ! oui, Robert, ni riant ni sauvage !
Tu veux que Darmancour par Lénos soit gagé,
Afin que ton rival reste, un siecle, encagé;
Mais juge auparavant si la chose est possible !
Trouve-moi contre lui quelque grief plausible !

Je ne m'aveugle point; je vois Lénos à nu,
Et je n'ai ni l'esprit ni le cœur prévenu,
Si je l'aime, l'estime, autant qu'il le mérite :
Oh ! son bizarre d'oncle à tort le déshérite !

SCENE TROISIEME.

GASPARD, ISABELLE, TOINETTE.

ISABELLE.

ALLÉGRESSE, bonheur, retour inespéré,
L'oncle, si furibond, devient plus modéré.

GASPARD.

Que disois-je? on se calme ainsi que l'on s'emporte!

ISABELLE.

Un courier de Lénos m'arrive...

TOINETTE.

Et vous apporte!

ISABELLE.

La bague nuptiale. (*La montrant à son doigt.*)

TOINETTE.

Il en a par millier !
Il en distribûroit plus que le Jouaillier !

GASPARD.

Tu l'affliges toujours !

TOINETTE.

Hélas ! c'est que j'augure
Qu'ici le cher époux fera triste figure.

SCENE QUATRIEME.

LÉNOS ET LES ACTEURS PRÉCÉDENS.

LÉNOS (à Gaspard).

ENFIN nous triomphons.

(A Isabelle.)

Attendri par ma voix,
Mon oncle impérieux va plier sous vos loix,
Auteur de nos tourmens, eût-il été croyable
Qu'il ne les plaignît point, qu'il fût impitoyable ?
Il change, il me caresse, il brûle de vous voir,
Lui-même sentira quel est votre pouvoir.

ISABELLE.

Ah ! Lénos !

LÉNOS.

Ah ! mon pere !

(Gaspard le serre dans ses bras.)

G A S P A R D.

Hé quoi ! le Baron cede !

L É N O S.

Voilà qu'à son courroux un beau calme succede !

T O I N E T T E.

Vous alliez avec lui finir par le cartel !

L É N O S.

J'essouffle mes chevaux, j'arrive à son hôtel ;
Je frappe, on m'entrevoit, on refuse la porte ;
J'enfonce, on me saisit, la fureur me transporte ;
J'allois me dégager par un coup meurtrier :
Je couvre d'un soufflet le Suisse en baudrier ;
Il jure ; la livrée accourt, je la disperse ;
Je vole à l'anti-chambre ; on s'écarte, & je perce
Jusqu'au sallon où l'oncle en portrait suspendu
Représente un Héros du Dieu Mars descendu.
J'entre chez Darmancour ; son Généalogiste
Lui montroit de sa race un arbre apologiste,
Et ce tableau flatteur l'enivroit à tel point
Que moi, devant sa vue, il ne m'apperçoit point.
Il tousse & m'envisage ; il se leve, il s'irrite ;
Dans ses regards fougueux je vois ma perte écrite :
J'implore sa pitié. Pourriez-vous concevoir
Que de pleurs, de sanglots j'épuise à l'émouvoir ?

Je parle d'Isabelle, il tempête, il fulmine;
Moi, prêt à me tuer...

TOINETTE.

Vous n'en faisiez que mine!

GASPARD.

Où réduit des parens le joug, la dureté!
On se lasse du poids de leur autorité;
On se défait!

ISABELLE.

Et l'oncle en a tout le supplice!

GASPARD.

Et de votre homicide il se rend le complice!

LÉNOS.

Le dernier de son nom, j'enterrois ses neveux.

ISABELLE.

Ah!

LÉNOS.

L'orgueil m'a sauvé.

ISABELLE.

Bien au gré de mes vœux.

LÉNOS.

Par quel coup, m'a-t-il dit, par quelle mort funeste

Vas-tu tarir le sang , le beau sang qui me reste?
Arrête, malheureux , jette-là ton poignard,
Je t'accorde Isabelle ; attends-moi chez Gaspard.
Bientôt notre Tuffiere aux grandeurs fait la nique,
Il dépose à vos pieds son Ordre Teutonique,
Et cherche sous le toît de votre humble maison
De plus rares trésors que ceux de la toison.

(Frontin, à l'entrée de la coulisse , interpelle un
Notaire non-présent.)

SCENE CINQUIEME.

FRONTIN ET LES ACTEURS PRÉCÉDENS.

FRONTIN.

Oh! vous m'étourdissez! treve à vos bavardages,
Sans vous j'appris Cujas, son Code & ses Adages ;
L'acte est selon la forme ,

(il l'arrache au Notaire & l'empoche.)

      Et l'on vous l'apprendra
Si-tôt que pour signer le moment conviendra :
Ne faut-il pas ici régaler la future
D'un bel épithalame ? En voici l'ouverture.

(*Il salue Isabelle, qui riposte par une profonde révérence.*)

Le voilà, ce Monsieur ! furieux, enragé,
Sans moi parmi les morts n'étoit-il pas rangé ?
Il jouoit du poignard !

ISABELLE.

Oh ! j'en suis trop instruite !

FRONTIN.

S'il eût frappé le coup, ma race étoit détruite.

TOINETTE (*à part*).

Darmancour ne vient point !

FRONTIN.

Mon âge s'est accru,
Je renonce à bercer les enfans de mon crû ;
Toi, jeune homme, supplée à ma déconfiture :
Que mon cimier revive en ta progéniture,
Et que, remplis de cœur, tes marmots grandissans
Cueillent, le sabre en main, des lauriers verdissans !

LÉNOS (*bas à Frontin*).

Le contrat ; nul délai.

FRONTIN.

Voyez la Tragédie,
Se tuer !

LÉNOS (*bas*).

Finis donc.

FRONTIN.

Mourir... sans maladie !
Frauder les Médecins !

TOINETTE.

Souffrent-ils pareil tour ?

LÉNOS.

Ah ! j'avois pour excuse Isabelle & l'Amour.

(*Bas*).

Concluras-tu, maraud ?

FRONTIN.

Laisse un sol Insulaire,
Un Anglais vaporeux trancher sa jugulaire,
Ou contre l'occiput un pistolet braqué
Accroître le désordre en son chef détraqué ;
Toi, vis, jamais chagrin, point gouteux, toujours
leste,
Et ne sors d'ici-bas que par congé céleste.
Pardon, Monsieur Gaspard, j'en use librement ;
J'ai tancé le neveu, raisonnons de l'amant.

GASPARD.

Je le connais, Monsieur.

FRONTIN.

                    C'en est donc fait, j'oublie
Qu'avec toi j'ai dû voir Aiglantine établie :
Superbe Almagnabach, combien nous t'irritons !
Tu m'enleves mes droits sur l'Ordre des Teutons !

LÉNOS.

Les honneurs ! qu'est ce ?

FRONTIN.

       Tout.

LÉNOS.

                Charges, sans bénéfices !

FRONTIN.

Pour toi je m'en détache ; ah ! quels durs sacrifices !

LÉNOS (*sautant au col de Frontin , & l'em-*
        brassant à plusieurs reprises.)
Cher oncle.

FRONTIN.

       M'accoler !

LÉNOS.

            A mes ravissemens
Pardonnez mon audace & mes embrassemens.

GASPARD.

Déployez-nous votre ame.

                    TOINETTE

TOINETTE (*à part*).

Avec quelle imposture
On ose ici jouer les transports de nature !

GASPARD.

Voilà ma fille au trône !

LÉNOS.

Et mes vœux satisfaits.

FRONTIN.

Je comble ton bonheur !

LÉNOS.

Je paîrai vos bienfaits.

FRONTIN.

Soit. Mais que dit l'Agnès ? Sans doute elle rafole
Du titre de Marquise ?

ISABELLE.

Oh non, sur ma parole

FRONTIN.

Prisez-le ce qu'il vaut !

ISABELLE.

Que sert un Marquisat ?
Il est des biens plus doux, ils n'ont point tant d'éclat.

I

FRONTIN.

J'ai quelque peine encore à vous traiter de niece ;
Car enfin vous vendez l'étamine à la piece :
Mais à notre maison quand vous appartiendrez,
Vous en prendrez la morgue & vous la soutiendrez.

ISABELLE.

Je fais résolument ce que mon pere ordonne,
Je dois offrir la main à l'époux qu'il me donne.

GASPARD.

Tu n'en trouverois pas, ou je suis fort trompé,
Dont le cœur soit plus pur & moins enveloppé.

ISABELLE.

Je vous le garantis ; notre union durable
S'accorde à vos souhaits, elle est inaltérable.

LÉNOS.

Vous n'aurez avec moi que fêtes, que plaisirs,
Aucuns débats, nuls soins, passe-temps, doux loisirs,
Orcheftres, Carnaval, Spectacles, Comédies,
Drames sentencieux, merveilles applaudies,
Beaux Romans, Livres d'or, mari de bon aloi,
N'ayant de volonté que votre unique loi,
Passereau roucoulant près de sa tourterelle,
Celadon le plus tendre avec sa Pastourelle,
Admirant vos vertus, contemplant vos appas,

Animé par vos yeux, empreſſé ſur vos pas,
Pour ſa belle moitié jamais Sylphe inviſible,
Mais époux caſanier, ſociable, paiſible,
Reſte d'une famille où l'hymen vieilliſſant
Eut le charme & le feu qu'avoit l'amour naiſſant.

ISABELLE.

Parlez-moi du Marquis pour faire un bon ménage!

TOINETTE.

Vous chériſſez le titre & non le perſonnage.

LÉNOS.

Au printemps de nos jours, c'eſt l'ingénuité,
C'eſt le cœur qui nous mene & non la vanité.
J'ignore à quel ſujet Toinette, fille honnête,
S'amuſe à faire ici métier de trouble-fête,
Par haine ou par humeur s'en vient me déchirer;
Qu'elle parle! ai-je pu ſur moi les attirer?

TOINETTE.

Oui, oui; comme un forçat, j'irois ſur la galere,
J'irois des ouragans défier la colere,
Subir la loi du Turc, le joug du Maroquin,
La fourche du Pirate ou la dent du requin;
J'irois, beſace au dos, cilice à la ceinture,
Pieds nus, quêter mon pain, mon gîte, ma vêture;
J'endurerois tous maux, ſans nuls palliatifs,

Les drogues, les bolus, les mortels purgatifs,
Et tous les Galiens, tous les poisons ensemble,
Plutôt que de choisir époux qui vous ressemble.
Oui, oui, Monsieur Gaspard, croyez le vieux dicton:
Que de loups sont cachés sous la peau du mouton !

FRONTIN.

Toinette en quelque halle a fait sa Rhétorique !

TOINETTE.

Je sais, suivant le Saint, faire un Panégyrique.

GASPARD.

Excusez ; la Donzelle, avec ses tons railleurs...

FRONTIN.

Croit qu'on prend femme ici comme on les quitte
          ailleurs !
Mais je réponds de toi ; hâtons-nous de conclure ;
Du lit, où l'on t'attend, quel propos peut t'exclure ?

SCENE SIXIEME.

ROBERT ET LES ACTEURS PRÉCÉDENS.

ROBERT (*à Gaspard*).

J'AI tout approfondi ; soyez plus que certain
Que l'oncle en question arme au Pays lointain.

TOINETTE.

Et moi, présente ici, j'atteste, main-levée,
Que votre certitude est erreur achevée.

GASPARD (*à Robert*).

Reconnais Darmancour. (*Montrant Frontin.*)

(*Darmancour sort doucement de la coulisse.*)

SCENE DERNIERE.

DARMANCOUR (*aux écoutes*),
LES ACTEURS PRÉCÉDENS.

TOINETTE (*appercevant Darmancour, &*
montrant Frontin).

L*e* Baron, le voilà !

DARMANCOUR (*bas à Toinette qui se glisse*
vers lui).
Paix.

FRONTIN.

Il ne s'agit plus, en ce jour de gala,
Que de serrer l'hymen dont le neveu se flatte.

DARMANCOUR (*bas à Toinette*).

Silence, du secret, tout-à-l'heure j'éclate.

FRONTIN (*tirant de sa poche un parchemin*).

Le Notaire est absent ; mais le contrat légal
Suffit pour caution du lien conjugal.

LÉNOS.

Nous irons, dès ce soir, trouver le Gardenotte,
Avec lui terminer. . . .

FRONTIN.

Lui graisser la menotte.
Couronnons, cher Lénos, ton amour.

LÉNOS.

Quel moment !

DARMANCOUR (*à part*).

En crois-tu, scélérat, jouir impunément ?

LÉNOS.

A vous seule, Isabelle, appartient mon hommage,
A vous, qui des vertus êtes la vive image.

DARMANCOUR (*à part*).

Perfide !

LÉNOS.

A vos genoux on me verra périr
Plutôt que vous tromper ou ne plus vous chérir.

ROBERT.

Il est donc vrai, Gaspard, un ami m'abandonne !
Votre fille à Monsieur de votre aveu se donne !
Puisse-t-elle être heureuse, & ne pas regretter
L'homme qu'avec douleur je lui vois rejetter.

ISABELLE.

Vous m'affligez, Robert.

I iv

TOINETTE.

                    Vous redoutez, je gage,
Les suites, les périls du nœud qui vous engage;
Vous souffrez, je le sens, quelque mal rigoureux,
Toujours vous balancez entre vos amoureux.

ISABELLE.

Ah! Robert! que de pleurs mon hymen vous
          prépare!

ROBERT.

Je vois avec chagrin le jour qui nous sépare;
Mais dans mon triste sort je saurai, sans gémir,
Loin de vous, contre vous, peut-être, m'affermir.
Je vais...

TOINETTE (*bas à Robert*).

Restez, Monsieur, vous verrez beau tapage.

FRONTIN.

Ton rival pourroit bien casser ton mariage,
Lénos; il se produit avec tant de succès
Qu'il me semble douteux que l'on t'aime à l'excès.
Mais passons là-dessus; pousse à bout l'aventure;
Prends-moi ce parchemin, brusque un mot
          d'écriture.

LÉNOS.

(Il s'empare du contrat, l'examine à la hâte, assis
près d'une table; ensuite il s'adresse à Isabelle.)

L'article du contrat n'est point désobligeant ;
Mais je croirois vous faire un détail outrageant,
Si je vous exposois quels sont vos avantages,
Quels droits vous acquérez sur tous mes héritages.

(Il prend la plume.)

Signons.

DARMANCOUR *(saisissant Lénos au collet)*.

Oui, ton arrêt.

LÉNOS.

Mon oncle !

(Il tombe la tête sur la table.)

TOINETTE.

Inattendu !
L'autre puissant Seigneur, mais haut & court pendu.

FRONTIN *(à part)*.

Ah ! Frontin !

GASPARD.

Darmancour !

ISABELLE.

Son oncle !

DARMANCOUR.

Véritable.

GASPARD.

Ma fille...

ROBERT (*à part*).

Elle est à moi.

GASPARD.

Quel hymen détestable
J'allois conclure !

FRONTIN (*à part*).

Où fuir ?

DARMANCOUR.

Liez-moi ce coquin,
(*Toinette l'empoigne.*)
Qui tranche du Héros & qui n'est qu'un pasquin,
Qui prend ici mon nom pour le couvrir de fange.

FRONTIN (*s'agenouillant, pose son feutre sur
la planche.*)

Grace au Baron valet ; ah ! qu'il perd à l'échange !

TOINETTE.

Qu'on chante vos exploits, votre noble maison ;
Qu'on vous donne en sautoir un gibet pour blason !

FRONTIN.

Grace, Monsieur Gaspard, commuez donc la peine,
Ordonnez l'estrapade ; allons, ma belle Reine ,
Priez , priez pour moi : je frémis du danger ,
Du gouffre , de l'abyme où j'allois vous plonger.
Maudite soif de l'or , incurable pépie ,
Tu causas mon forfait, il faut que je l'expie ;
Puisses-tu, vil métal , artisan de malheur ,
Fondre, comme la cire, ou perdre ta valeur !
Je mérite un poteau, mon supplice commence ;
De tout le monde ici je requiers la clémence.

GASPARD.

Sors.

FRONTIN.

Oui , Monsieur.

*(Il s'évade, laisse son feutre, Toinette le ramasse,
& le pose sur la table où Lénos est accoudé.)*

DARMANCOUR.

Va-t-en coucher dans la prison.

TOINETTE.

S'il n'a d'autre logis, ce n'est pas sans raison !

GASPARD.

Quelque aveugle qu'on fût , pourroit-on mé-
        connaître,
Au rôle qu'il jouoit, l'homme qu'il eut pour maître ?

DARMANCOUR.

Tu ne m'attendois pas , Lénos ! J'arrive exprès
Pour rompre ton hymen , & te punir après :
Le Ciel avoit réglé que , par mon entremise,
Cette enfant , à son pere , à tes yeux , fût remise,
Et qu'arrachée aux bras du ravisseur surpris ,
Il ne te resteroit d'elle que son mépris.
Cache-toi , malheureux ; à ta vue on frissonne,
On repousse le vice inné dans ta personne.
Parle, as-tu des remords ? point! tu feins les sentir !
Penses-tu que je croie à ton faux repentir ?
Va, je te connais trop, lâche, pour m'y méprendre !
Juge-toi , tu sauras quel parti j'ai dû prendre,
Juge si de tes jours tu pourras te montrer,
Et dans quelle demeure il faut te séquestrer :
Va, l'Exempt n'est pas loin , il t'arrête à la porte.

LÉNOS (*se levant avec audace , la main sur*
la garde de son épée).

J'y cours.

DARMANCOUR.

Dépêche, sors.

LÉNOS.

J'y péris.

DARMANCOUR.

Que m'importe?

(*Lénos disparaît.*)

TOINETTE.

Ferme. Ces Messieurs-là font les désespérés;
Mais, sur mille expirans, combien peu d'enterrés!

DARMANCOUR.

Adieu, Monsieur Gaspard. Quand par mon arrivée
D'un traître suborneur votre fille est sauvée,
Je bénis mon destin.

GASPARD.

Le nôtre est plus heureux.

ISABELLE.

Que ne devons-nous pas à vos soins généreux?

GASPARD.

Puis-je les acquitter?

DARMANCOUR.

Quand je vous débarrasse
D'un sujet exécrable, opprobre de ma race,
Oubliez jusqu'au nom d'un pareil corrupteur.

GASPARD.

Pour reconnaître en vous mon plus cher bienfaiteur.

DARMANCOUR.

*(Il salue, se retourne comme pour s'en aller, &
revient.)*

Un mot. J'ai soixante ans, j'ai vu bien des contrées,
Pour un visage humain cent figures plâtrées,
L'artifice par-tout, jusques chez les Hurons,
Leurs filles aujourd'hui trompent leurs chaperons.
J'observai ; j'épiai ; j'appris, par habitude,
A démêler quelqu'un, même avec promptitude.

GASPARD.

Je le crois.

DARMANCOUR.

Voilà l'homme *(montrant Robert)*
          A qui je me fierois,
Si j'avois une enfant, je la lui donnerois.

(Robert remercie par un salut Darmancour qui sort.)

TOINETTE.

Eh bien, Mademoiselle, avouez sans mystere,
Dites-moi que pourvu d'un fort beau caractere,
Que laissant voir son cœur jusques dans chaque pli,
Lénos est en tout genre un modele accompli !

ISABELLE.

Lénos m'avoit féduit par fa perfide adreffe ;
Mais je fens qu'à Robert je gardois ma tendreffe.

(Elle détache de fon doigt & jette la bague de Lénos.)

Va-t-en, parjure anneau, don funefte, empefté,
Je perdrois fans regret le doigt qui t'a porté.
En quel cloître fuirai-je après cette infamie ?
Robert me voudroit-il pour femme & pour amie ?

ROBERT.

Je renais.

TOINETTE.

Triomphez ; le fourbe eft confondu.

GASPARD.

Ifabelle eft à vous.

TOINETTE.

J'en aurois répondu !

FIN.

J'AI lu, par ordre de Monfeigneur le Garde des Sceaux, un Manufcrit intitulé : *Le Suborneur, Comédie en cinq actes & en vers ;* & j'ai cru que rien n'empêchoit d'en permettre l'impreffion. Fait à Paris ce 16 Octobre 1781. DE SAUVIGNY.